Christoph Stollowsky

GEHEIME ORTE
IN BERLIN

Ein ungewöhnlicher Wegweiser

W0044276

Christoph Stollowsky

GEHEIME ORTE
IN BERLIN

Ein ungewöhnlicher Wegweiser

nicolai

Der Autor:
Christoph Stollowsky, Jahrgang 1954, ist seit 1991 Redakteur beim Tages-
spiegel und betreute viele Jahre lang die Serie »Berlins Geheime Orte«.
Zuvor war er für die Frankfurter Rundschau tätig und wurde u. a. mit dem
»Wächterpreis der Deutschen Tagespresse« und dem Preis der Konrad-Ade-
nauer-Stiftung für Lokaljournalisten ausgezeichnet.

Bildnachweis:
Tom Farr S. 141, 142; Kai-Uwe Heinrich S. 44, 47, 125; Landesarchiv Berlin
S. 81; Marco Limberg S. 66, 69; Mike Minehan S. 89, 135; Stefan Nowak
S. 113; privat S. 36; Thilo Rückeis S. 35, 46, 73, 79, 104, 106, 121, 122, 129,
137; Frieder Salm S. 9; Detlev Schilke S. 21, 22, 24, 25, 27, 29, 30, 52, 83, 97,
99; Götz Schlese S. 56, 57; Christian Schroth S. 59, 62; Markus Wächter
S. 108; Mike Wolff S. 11, 14, 15, 41, 51, 78, 91, 109, 111, 115

© 2003 Nicolaische Verlagsbuchhandlung GmbH, Berlin
5. überarbeitete Auflage von 1996 by Argon
Umschlagfoto: Frieder Salm
Satz und Repro: LVD GmbH, Berlin
Druck und Bindung: Clausen & Bosse, Leck

INHALT

VORWORT

Berlin – eine Stadt der Überraschungen und Geheimnisse? Wer nach Paris, Rom oder New York reist, ist auf alles gefaßt. Doch warum nicht auch zu Hause? Berlin ist eine gute Adresse für Entdecker. Es gibt in unserer Stadt eine Fülle spannender Orte, an denen wir ahnungslos vorübergehen, weil sie unter dem Pflaster und hinter Mauern verborgen sind oder verschlossen wirken. Also sehen wir keine Chance, so weit vorzudringen, obwohl wir schon immer herausfinden wollten, was dort passiert.

Wer möchte nicht gerne durch alte Brauereigewölbe streifen oder einmal in der Präsidenten-Suite am Schreibtisch sitzen? Wer will im Tierstimmenarchiv mit den Wölfen heulen, in der Münze in einen Haufen frisch geprägter Euros greifen oder Meteorologen über die Schulter schauen und hinter dem Vorhang die Kunst des Marionettenspiels erproben? Das alles ist möglich. Man muß sich nur auskennen.

Deshalb gibt es dieses zweite Geheimnis-Buch für neugierige Berliner nun schon in der fünften Auflage: Nach dem ersten, 1996 erschienenen Band erneut ein ungewöhnlicher Wegweiser, der mit Tips und Adressen weiterhilft und 27 geheime Orte ausführlich vorstellt. Einige wurden neu aufgenommen und ergänzen nun die beliebtesten Touren der Erstausgabe, die im vorliegenden Buch gleichfalls enthalten sind.

Ausgangspunkt ist die vom Autor viele Jahre lang betreute Serie des Tagesspiegels »Leser entdecken Berliner Geheimnisse«. Tausende Kinder und Erwachsene nahmen an den Touren der Zeitung zu mehr als 50 geheimen Orten teil. Erst lasen sie einen Bericht über ihr

Ziel, dann blickten sie mit Hilfe der Redaktion selbst hinter die Kulissen der Stadt. Aus der Serie ist dieses Buch geworden, mit dem man auch alleine losziehen kann. Warum nicht mal am Geburtstag mit allen Gästen ins Abenteuer starten? Oder auch Vereins-, Klassen- und Betriebsausflüge ins geheime Berlin organisieren? Und »events« für Geschäftsfreunde sowieso.

Jede Expedition in die Stadt erfordert allerdings einige Vorbereitungen: Recherche, Absprachen, Wartezeiten, die Kosten sind zu erfragen, und häufig muß eine Gruppe Gleichgesinnter zusammengebracht werden. Was erforderlich ist, damit sich die Türen wie bei Ali Baba und den 40 Räubern öffnen, steht jeweils im Servicekasten.

Es gibt Geheimnisse für unterschiedlichste Vorlieben. Finstere Bunker wird jeder erwarten, aber Berlin hat ja noch ganz andere geheimnisvolle Stätten – beispielsweise die Magazine von Sammlungen, Archiven oder Bibliotheken, in denen einzigartige Schätze betreut werden. Oder Institute und Betriebe, die im stillen arbeiten, obwohl in ihren Räumen Spektakuläres geschieht.

Berliner fahnden nach Kunstfälschern, erforschen den Untergrund ihrer Stadt, basteln Lindwürmer für die Oper, sammeln botanische Fundstücke aus der Zeit der großen Forschungsreisenden wie andere Leute Briefmarken, bewahren alle »Sandmann«-Sendungen vom ersten Tag an auf oder werkeln monatelang an einem Dampfschiff, bis es wieder auf die Spree hinausfährt. Und nicht nur ihre Arbeit fesselt, auch sie selbst sind eine Begegnung wert.

Vielleicht ist dieses Buch ja eine kleine Liebeserklärung an unsere Stadt geworden, in der man ein Leben lang auf Entdeckungsreisen gehen kann. Bedanken möchte ich mich bei allen Fotografen, die unsere Geheimnistouren so engagiert begleiten, vor allem bei Thilo Rückeis, Mike Wolff, Detlev Schilke und Mike Minehan.

Christoph Stollowsky, im Mai 2003

Tropfsteinhöhle unter Berlin – Stalagtiten im Bunker des einstigen Reichsluftfahrtsministeriums an der Kreuzung Leipziger-/Wilhelmstraße. Dieser wurde 1998 zugeschüttet.

BLEICHE GEWÄCHSE
AN DER DECKE

Abstieg ins Labyrinth der Tiefbunker

Ein Autofahrer bremst heftig, ein anderer parkt ordnungs-
widrig. Schließlich sieht man nicht alle Tage fünfzig Menschen im Gänsemarsch in einer Luke im Bürgersteig
der Stresemannstraße in Kreuzberg verschwinden. Nach
zehn Minuten sind sie alle weg. Eine Gruppe Berliner auf
dem Weg in die Unterwelt. Blitzende Taschenlampen,
Anoraks, trittfestes Schuhwerk, wie man es für Berg-
touren braucht oder für einen Abstieg in die tiefsten Bauwerke der Stadt.

Vergessene Bunker. Grauzone Berlins. Vorneweg
Dietmar Arnold und Eberhard Elfert vom Verein Berliner
Unterwelten e.V. Weiter als jeder andere sind sie in den
Bauch Berlins vorgedrungen, nun laden sie zu Abenteu-
ern und einer ungewöhnlichen Geschichtslektion ein.
Wer mit ihnen hinabsteigt, erfährt auch eine Menge
über Kanäle, Geisterbahnhöfe, blinde U-Bahn-Röhren,
ungenutzte Autotunnel, Wasserspeicher oder Brauereigewölbe. 150 Jahre Buddelei im Untergrund – und bis
heute wird weitergebohrt.

Ausgeklügelt wie ein Dachsbau

Am Martin-Gropius-Bau ist die Gruppe heute einge-
stiegen. Arnold und Mitarbeiter der Gesellschaft für
Zivilschutz haben Metallgitter hochgeklappt, darunter
liegt die erste Treppe. Zehn Meter führt sie hinunter in
einen modernen Zivilschutzbunker. Zeitreise in die achtziger Jahre. Damals, im Kalten Krieg, wurde er für 500
Menschen gebaut. Grau und gesichtslos wie eine leergeräumte Sanitätsstation. Genau besehen liegt er im
oberen Teil einer Weltkriegs-Anlage: des sogenannten

Luke zum
Bunker unter
der Strese-
mannstraße

Hängebunkers. Er bekam seinen Namen, weil er sich in
einer ungewöhnlichen Position befindet. Man hat ihn
1938/39 unter die Stresemannstraße betoniert, doch
darunter liegt ein noch tieferes Bauwerk – der Nord-Süd-
Tunnel der S-Bahn. Dreißig Meter reicht der alte Bunker
hinunter bis zu den Gleisen.

Er beginnt hinter einer Stahltür. Dann ein Durchschlupf
im Boden, eine Eisenleiter, vierzig Sprossen steigt man
im Schein der Handlampe zum Grund eines schier endlosen Stollens hinab. Geklinkerte Wände, Nieten auf
Stahlträgern, Staub, Licht versickert im Finsteren. Zeitreise in die Kriegsjahre. »Durch diesen Stollen können
Sie bis zum Anhalter Bahnhof laufen«, sagt der Führer.
Solche Tiefbunker waren oft ausgeklügelt wie ein Dachs-
bau mit Verbindungstreppen, Röhren, Fluchttunneln.

In diesem Augenblick rumpelt es unter den Füßen.
Das ist die S-Bahn. Lampenkringel huschen über Stufen,
sie führen noch acht Meter hinunter zum Gang zwischen
den Gleisen. S-Bahn-Züge rattern heran, leuchtende
Fenster fliegen vorüber. Auf diesem Weg entkamen
während der Bombennächte tausende Menschen aus
dem Hängebunker in weniger gefährdete Gebiete und
unterquerten dabei zu Fuß im Schienentunnel die halbe
Stadt. Solche unterirdischen Verbindungswege zur
S-Bahn hatte auch der Hochbunker am Anhalter Bahn-

hof. Heute beherbergt er das Berliner Gruselkabinett, doch im Endkampf um Berlin war der Schrecken real: Am 29. April 1945 erklärte ihn die SS zum Kampfbunker. Rund 5000 Menschen, die hier Schutz gesucht hatten, mußten weichen und hetzten unterirdisch die Schienen entlang.

MILCHPULVER ALS NOTVORRAT

Aufstieg zum Tageslicht, zehn Minuten Fußweg und Abstieg in die nächste Überlebenshöhle im Untergrund: den Basa-Bunker am Halleschen Ufer/Ecke Schöneberger Straße. Er wurde 1943 gebaut, reicht zwei Etagen tief und war als europaweites Bahnanlagensprechamt (Basa) der Reichsbahn geplant. Doch in den Bombennächten wurde er als Schutzraum und später als Lager für die Westberliner Senatsreserven genutzt. Diese Lebensmittelvorratshaltung für den Fall einer erneuten Blockade hat man erst nach der Wende aufgelöst.

Im oberen Stockwerk schimmert noch Licht. Zerbeulte Konserven, Milchpulverreste. In die Verliese, zwanzig Meter unter dem Asphalt, ist dagegen schon lange kein Mensch mehr vorgedrungen. Im Grunde müßte man auf dem Absatz kehrtmachen. Kein Fleck in diesem verschachtelten Betonkasten, der das Auge erfreut. Rost frißt sich wie Schimmel ins eiserne Stützwerk der Mauern, der Putz ist mürbe geworden, die Luft fällt kühl ins Gesicht, Grundwasser drückt sich durch Bodenspalten, irgendwo in der Höhe rumort Verkehr, und die Decke schwitzt. Spindeldürre, bleiche Gewächse haben die Tropfen im Laufe der Jahre geschaffen. Stalaktiten aus kalkhaltigem Sickerwasser, als sollte hier, auf der dunklen Seite der Stadt, ein etwas gefälligerer Anblick entstehen. Doch an solchen Orten bleibt der Krieg gegenwärtig.

»An dieser Stelle«, erzählt eine ältere Frau, »habe ich im Volkssturm Verwundete verbunden.« Und ein junger Mann spricht von seinem Vater. Der saß als Zivilist in den letzten Kriegstagen im Basa-Bunker, den auch die SS und Hitlerjungen als Schlupfwinkel nutzten. Von hier zogen sie gegen Sowjetpanzer am Anhalter Bahnhof aus, was die zivilen Schutzsuchenden gefährdete. Die wollten aber kein Angriffsziel sein und drängten deshalb die Kämpfer aus dem Bunker. Geschichtsstunde in der Unterwelt. Düstere Denkmale zur Erinnerung an die Täter, oft verdrängt und vergessen. Ihre Zukunft ist so ungewiß wie die hoffnungsheischenden Kritzeleien einstiger Schutzsuchender an manchen Bunkerwänden. Sprengen? Verfüllen? Erhalten oder weiterer Verfall? So heißen die Alternativen der rund fünfzig verbliebenen Tiefbunker Berlins. Die Zuständigkeiten sind verworren und dokumentieren den hilflosen Umgang mit dem betonharten Nazi-Erbe. Als offizielles Mahnmal wurde bisher keine Anlage gesichert, und schaute die Öffentlichkeit doch einmal interessiert hinein wie vor fünf Jahren in den sogenannten Fahrerbunker von Hitlers Chauffeuren und Leibwächtern auf dem Gelände der einstigen Neuen Reichskanzlei südlich des Brandenburger Tores, so wurden die Eingänge schnell versiegelt und provisorisch verschüttet, um eine Entscheidung aufzuschieben.

SPUREN DER GESCHICHTE

Den Fahrerbunker haben SS-Männer mit großdeutsch-schwülstigen Phantasien ausgemalt, Adler krallen sich in Kampfflugzeuge, Soldaten mit Schild bewachen weizenblonde Frauen. Alle Bilder sind gut erhalten, weshalb überlegt wurde, diese moderne Höhlenmalerei als Ergänzung der Topographie des Terrors für Besucher zu öffnen. Doch kaum warfen Arbeiter wieder Schutt auf den Zugang, erstarb die Debatte. Längeren Zank um die grauen Riesen gab es nur in der Endphase des Kalten Krieges, als die Bundesregierung viele Millionen Mark investierte, um einige Bunker für Zivilschutzzwecke wieder herzurichten, beispielsweise unter dem früheren Sitz des Innensenators am Fehrbelliner Platz. Bis heute hält die Gesellschaft für Zivilschutz sie einsatzbereit. In Katastrophenfällen wie einem Flugzeugabsturz über der Stadt sollen dort Verletzte versorgt werden, die in Kran-

kenhäusern keinen Platz mehr finden. Zugleich sind diese Anlagen aber ein Stück jüngster deutscher Geschichte geworden.

Wer historische Spuren im Untergrund sucht, kann allerdings weitaus tiefer in die Vergangenheit zurückschauen, denn schon seit Mitte des 19. Jahrhunderts wird der Bauch von Berlin systematisch ausgehöhlt. Eine Stadt unter der Stadt entstand, obwohl die Berliner durch hohe Grundwasserstände und sandige Böden weitaus größere Probleme hatten und zögerlicher in die Tiefe gingen als die Baumeister in Wien, Paris oder Rom. Sie brauchten erst bessere Pumpen und Stütztechniken, danach legten sie in vier Etappen los:

Erst kam die Kanalisation, dann mauerten die Bierbrauer riesige Gewölbe, schließlich gingen die U-Bahn-Bauer vor dem Ersten Weltkrieg erstmals unter die Erde. Sie buddelten auch übereifrig für geplante Strecken, die später verworfen wurden und als »blinde Tunnel« bis heute vorhanden sind. Und im Jahre 1939 vervollständigten die Nationalsozialisten dieses Labyrinth mit ihrem Bunkerprogramm für die Reichshauptstadt, das sogar

Schritt für Schritt in die Tiefe. Am Grund des Hängebunkers ...

… führt ein Fluchttunnel zum Anhalter Bahnhof Keller, Verkehrstunnel und die neuen Schutzanlagen miteinander verband. Seit 1939/40 gossen Zwangsarbeiter unermeßliche Mengen Zement und Beton für mehr als 300 Tiefbunker in die Berliner Erde. Erst waren ihre Decken nur einen Meter dick, dann wuchs die Stärke auf vier Meter, weil man die Zerstörungskräfte unterschätzt hatte. Doch unter der Wucht der Bomben erwies sich auch dieser erhoffte Schutz als trügerisch, denn sie drangen ins Erdreich ein. Dort konnte sich ihre Druckwelle nicht ungehindert ausbreiten, die Explosion wurde geradezu gegen die Mauern gelenkt. Konsequenz: Man baute noch rund 100 freistehende Flach- und Hochbunker. Rund zwanzig Prozent der Berliner fanden am Ende in allen Schutzanlagen Platz.

Unter dem Alex entstand damals das größte Projekt Berlins für rund 3000 Menschen. Vier Etagen, zwanzig Meter tief, mit einer riesigen Betonwanne als Fundament gegen den Druck des Grundwassers. Auch diese Anlage ist erhalten.

Doch längst nicht alle Bauwerke sind derart präzise erfaßt oder zumindest bekannt. So entdeckten die Behör-

den 1968 unter dem Sowjetischen Ehrenmal an der
Straße des 17. Juni mehrere Auto- und U-Bahn-Stollen,
von denen niemand etwas ahnte. Die Nazis hatten sie im
Vorgriff auf die geplante Reichshauptstadt Germania
angelegt und später als bombensichere Waffenlager genutzt. Daß dies kein Einzelfall war, vermutete auch die
Staatssicherheit der DDR, weshalb sie bis Anfang der
siebziger Jahre akribisch alle denkbaren Untergrund-
bauten in der Stadtmitte aufspürte und erkundete, ob sie
geheime Fluchtmöglichkeiten in den Westen boten.
Anfang 1997 entdeckte die Gauck-Behörde diesen
Wissensschatz im Lichtenberger Stasi-Archiv. Karto-
graphiert ist darin auch das Überlebensreich für die NS-
Führung: die Schutzanlagen rund um Hitlers Neue
Reichskanzlei und mehrere Reichsministerien entlang
der Wilhelmstraße zwischen Brandenburger Tor und
Potsdamer Platz.

Ähnliche Pläne fertigt seit der Wende auch der Verein
Unterwelten an, eine Gruppe junger Architekten, Stadt-
planer und Historiker. In manchen Fällen hat sie der Se-
nat damit beauftragt. Sie sollen Unterhöhlungen der
Großbaustelle Berlin ausfindig machen, die beim Aus-
schachten gefährlich werden könnten. Solche Erlebnisse
der dritten Art gab es in Berlin immer wieder, beispielsweise 1986, als ein Bagger am Klausenerplatz auf eine
rissige Bunkerdecke stieß und plötzlich wegsackte.

Doch der Verein hat noch eine zweite Mission. »Die
Bunker sollen aus der Gruselecke heraus«, sagt sein
Sprecher Dietmar Arnold. Naturgemäß lockt das ge-
heimnisvolle Dunkel junge Abenteurer an, die auf eigene
Faust hineinklettern; schnell ranken sich um den Beton
Legenden, wird er zur Kultstätte für Rechtsextremisten,
die hier den Zauber der Unzerstörbarkeit des Dritten
Reiches suchen. Auch Arnold klettert an Strickleitern in
die Tiefe, watet durch überflutete Verliese und leuchtet
Wände ab, die seit 50 Jahren kein Mensch mehr sah.
Doch er rekonstruiert als Archäologe des 20. Jahrhunderts die Lage der Versorgungsräume, der Lüftungs-
schächte, der Klappbetten, auf denen sich Menschen
angstvoll drängelten. Und dann fügt er die Bilder ver-

gessener Tunnel, Gewölbe und Bunker wie ein Puzzle zur Berliner Untergrundgeschichte zusammen.

Mehr als die Hälfte aller Bauten unter den Füßen haben die Berliner Tiefenforscher dokumentiert. Auch ins mythenumwitterte Stollenlabyrinth unter dem Kreuzberg sind sie vorgedrungen. 1944 legte die »Organisation Todt« diese unterirdische Betonstadt an, vermutlich als Kommandozentrale der Wehrmacht. Bauarbeiter stießen 1983 auf die vergessenen Eingänge. Gerüchte schwirrten. Hatte das Bunkersystem sogar Fluchttunnel zum Flughafen Tempelhof oder zur Reichskanzlei? Die AG Unterwelten rückt die Dinge zurecht.»Es gab Pläne, aber den Nazis blieb keine Zeit.«

Szenenwechsel. Dietmar Arnold im Overall irgendwo im schwarzgrauen Irrgarten des Bunkers »B« unter dem Südeingang des U-Bahnhofes Gesundbrunnen in Wedding. Der Scheinwerfer bringt phosphoreszierende Schilder zum Leuchten – Abort, Gasschleuse, Notausgang.»Moskau hat seine Metro, Wien die Kanäle und Berlin seine Bunker«, sagt Arnold,»wir sollten uns mit der Vergangenheit auseinandersetzen, anstatt sie plattzumachen.«

Doch seit sich in Berlin die Kräne drehen, werden die unterirdischen Riesen schneller denn je auf die Abbruchliste gesetzt oder verfüllt, falls sie neuen Fundamenten im Wege stehen. Manche werden auch einfach als störend empfunden und gelten als zu kostspielig, weil man sie sichern müßte. Beispielsweise die tiefste Nische des früheren Reichsluftfahrtministeriums unter der Kreuzung von Wilhelm- und Leipziger Straße. In diesem Gebäude wurde nach dem Krieg die DDR ausgerufen, der Ministerrat zog ein; nach der Wende erhielt es den Namen Detlev-Rohwedder-Haus, Treuhand und Bundesrechnungshof kamen, nun ist es Sitz des Bundesfinanzministeriums.

Seinen Bunker haben die Bautrupps im Frühjahr 1999 zugeschüttet. Zuvor stiegen manchmal Besucher hinab. Trübes Kellerlicht, eine Stahltür – und dann erläuterte ihr Führer, daß diese Kasematten schon 1935 als vermutlich erste Bunkeranlage in der Reichshauptstadt gebaut wurden und folglich massiver als jede scharfsinnige Faschismusanalyse vor Augen führen, wie frühzeitig die Nationalsozialisten den Weltkrieg vorbereiteten.

Einen solchen Lehrbunker hat sich der Verein Unterwelten jetzt am Gesundbrunnen gesichert. Als die Weimarer Republik zu Ende ging, gehörten seine Wände noch zum U-Bahnhof, später wurden sie zum Schutz für 1500 Menschen verstärkt. Fünfzig Bunkerräume gibt es, die tiefsten sechzehn Meter unter dem Asphalt. Hier veranstaltet der Verein Führungen, nutzt das Ambiente als bizarre Kunstgalerie und will eine Berliner Unterwelten-Ausstellung eröffnen.

Führungen durch Tiefbunker veranstalten der Verein Berliner Unterwelten e.V. und die Firma »Kulturmanagement elfert«. Der Verein Berliner Unterwelten lädt an jedem Sonnabend zu vier Führungen durch den Bunker am Gesundbrunnen und eine angrenzende ABC-Schutzanlage aus der Zeit des Kalten Krieges ein. Der Rundgang dauert etwa 90 Minuten. Nach Absprache erleben die Teilnehmer in einem unterirdischen Raum auch einen Diavortrag über die Geschichte des Berliner Untergrunds. Treffpunkt ist jeweils um 12, 14, 16 und 18 Uhr die Ecke Badstraße/Hochstraße. Kinder unter 12 Jahren sind frei, Jugendliche zahlen 7 Euro, Erwachsene 9 Euro. Für das Standardprogramm muß man sich nicht anmelden. Schulklassen und andere Gruppen sollten allerdings einen Termin außerhalb dieser Zeiten absprechen, sie zahlen einen Pauschalpreis.
Kontakt: Brunnenstraße 108 a, 13355 Berlin,
☎ 49 91 05–17 oder –18.
Im Internet: www.berliner-unterwelten.de.
Wer noch andere Tiefbunker erleben will, kann sich an die Untergrund-Experten des Kulturmanagements elfert wenden. Sie führen Gruppen durch verschiedene Anlagen aus den Tagen des Zweiten Weltkriegs und des Kalten Kriegs. Mit ihnen kann man beispielsweise in den Bunker unter dem Alexanderplatz vordringen.
☎ 31 80 69 33, Pestalozzistraße 10, 10625 Berlin.
Im Internet: www.elfert-partner.de.

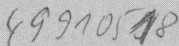

Gezeigt werden dann auch Fotos aus dem sogenannten Diplomatenbunker am Pariser Platz. Ein Gong rief die Gäste des Adlon-Hotels bei Bombenalarm in seine Komforträume. Teppiche, Sessel, Porzellangeschirr. Dieser Bunker unter besonders starkem Beton galt als einer der sichersten der Stadt. 1992 legten Bagger seine Eingänge frei. Einige Tage durften ihn die Experten erforschen – dann wurde der Abstieg wieder zugeschüttet.

U-BAHN-CABRIO

Nachtfahrten durch U-Bahntunnel, im offenen Waggon. Oder eine Wanderung entlang der Schienen: Diese Abenteuer unter der schlafenden Stadt bieten die Berliner Verkehrsbetriebe an. Rund zwei Stunden dauert eine Tour im U-Bahn-Cabrio. Bis zu 150 Teilnehmer rollen kreuz und quer durchs Tunnelnetz und hören dabei Erläuterungen zur Geschichte und zum Betrieb der U-Bahn – allerdings erst zu später Stunde, wenn keine reguläre Bahn mehr fährt. Der Cabrio-Zug startet jeweils in der Nacht zum Sonnabend um 0.45 Uhr, Kosten pro Person: 40 Euro. Wegen des großen Andrangs muß man auf einen Termin recht lange warten. Info-Telefon: 25 62 65 70.

Zwischen den U-Bahnhöfen Deutsche Oper und Richard-Wagner-Platz in Charlottenburg veranstaltet die BVG zudem Tunnelführungen. Maximal vierzig Neugierige können an einer solchen ungewöhnlichen Wanderung teilnehmen. Termine vereinbart das BVG-Call-Center unter ☎ 194 49. Jeder Teilnehmer zahlt 10 Euro.

WO DAS BIER
IN STRÖMEN FLOSS

Streifzug durch riesige Brauereigewölbe

Der Fahrstuhl sinkt hinab in die Unterwelt von Prenzlauer Berg.
Erstes Kellergeschoß: Es knarrt die Tür, ein Hauch Kühle weht aus einem Gang, der sich im Finsteren verliert. Zweites Tiefgeschoß: Diesmal ein Saal, rund wie eine Tonne, gemauert aus Backsteinen, gewaltig wie ein Kirchenschiff, aber dürftig erhellt. Hier, elf Meter unter der Erde, ist der tiefste Punkt im ungewöhnlichen Reich der einstigen Braumeister Berlins. Lange waren ihre Gewölbe vergessen, doch jetzt werden sie neu entdeckt, weil sie ein Schatz für die Stadt sind. Sie lassen sich vielfältig nutzen und führen in die Geschichte Berlins zurück.
Leise Stimmen, zielstrebiger Schritt im Sog der Neugierde. So betritt man in Rom Katakomben. Rechts und links Öffnungen zu anderen Gängen und Gewölben, leergeräumt wie ein entrümpelter Keller. Früher waren sie bis unter die Decke mit Fässern und Tanks gefüllt – eine riesige Kühltruhe für das Bier des 19. Jahrhunderts.
Bauten mit meterdicken Wänden wurden dafür unter die Erde versenkt. Gewaltige Gruben ließen die Brauer ausheben, in denen tausende Arbeiter ihre Gärkeller mauerten. Über dem Erdboden entstanden im Stil der Zeit Türme und Häuser, die an Burgen erinnern, unten Klinkergewölbe auf mehreren tausend Quadratmetern.
Zum Beispiel am ersten Stammsitz der Schultheiss-Brauerei zwischen Schönhauser Allee, Knaack- und Sredzkistraße – heute Adresse der »Kulturbrauerei«, eines kulturellen und gastronomischen Zentrums, das die Treuhand Liegenschaftsgesellschaft (TLG) hinter den denkmalgeschützten Fassaden errichtet hat.

Labyrinth unter
dem einstigen
Stammsitz von
Schultheiss

AM PFEFFERBERG

Oder am Senefelder Platz, wo der Braumeister Karl
Pfeffer anno 1848 die erste Brauerei vor dem Schönhauser Tor baute. Seit 1921 reift auf dem Pfefferberg
kein Bier mehr heran, doch auch dieses alte Gemäuer
wird heute kulturell genutzt. Die »Pfefferwerk Stadtkul-
tur GmbH« organisiert Konzerte, Kunstaktionen oder
Auftritte freier Tanz- und Theatergruppen und wahrt die
Tradition im großen Biergarten. Sein Untergrund allerdings ist für Neugierige in der Regel verschlossen wie
die Schultheiss-Keller und ebenso feucht wie diese. Berlins Zeugnisse einer frühen Industriekultur müssen erst
trockengelegt werden, was in den kommenden Jahren
geschehen soll. Gleichwohl beschäftigen sie schon die
Phantasie, weil sich in den untersten Etagen von Prenzlauer Berg vielfältige Ideen verwirklichen lassen – vom
Jazz- und Bierkeller über extravagante Galerie- und
Theaterräume bis zum Untergrundmuseum.

Als Karl Pfeffer und seine Nachfolger für ihre Bierfa-
brikation bis zur Mitte des vorigen Jahrhunderts unter
die Erde gingen, hatten sie ebenfalls eine Vergnügungs-
stätte im Sinn – aber nur in der Oberwelt. Sie schufen in
ihrer Braustätte einen Wirtshausgarten, dessen Besucher »die fürtreffliche Qualität des Pfefferberg-Bieres«

Umständlich
öffnet der
Führer vier
Schlösser

sogleich kosteten. Es war begehrt, weil »untergärig«, wie die Fachleute sagen. Untergäriges Lagerbier wie Pils oder Export entfaltet eine feinere Wirkung als das damals übliche, stark sprudelnde, obergärige Weißbier. Seine Kohlensäure ist stärker gebunden. Es kam Anfang des 19. Jahrhunderts nur aus Bayern und war teuer. Aber die Berliner verlangten danach.

Folglich wollten ihre Brauer den Bayerntrunk nun ebenfalls herstellen. Dafür mußten sie in die Tiefe gehen, weil die Hefe fürs Untergärige den Malzzucker nur bei kühlen Temperaturen von zwei bis sieben Grad verarbeitet, während obergäriges Bier bei 12 bis 18 Grad Celsius reift. Also brauchten sie Kühlkeller. Doch innerhalb der Stadtmauern lag der Grundwasserspiegel zu hoch, so zogen die Pioniere hinaus ins Grüne, allen voran Karl Pfeffer auf die südwestlichen Barnimhöhen, wo nicht nur das Grundwasser niedrig, sondern auch das Brunnenwasser von bester Qualität war.

DIE SCHULTHEISS-KELLER

Die Schultheiss-Brauerei kam später. Sie ging von 1880 bis 1890 in die Tiefe, als drum herum schon Mietskasernen standen und die »goldenen Jahre der Bierbrauer« angebrochen waren. »Berlin ist die erste Bierstadt des europäischen Continents geworden und hat selbst München überflügelt«, schrieb die zeitgenössische Presse. Berlin anno 1896: 83 Brauereien mit mehr als drei Millionen Liter Jahresproduktion. Angesichts eines solchen Bierkonsums war Schultheiss großzügig. Die Firma bot ihren Arbeitern schon Ende des 19. Jahrhunderts wegweisende Sozialleistungen an. Und jeden Tag bekam ein Schultheiss-Mann einen halben Liter Bier gratis – das war seine Verbindung zur Unterwelt. Denn zu den Gär- und Lagergewölben hatte nicht jedermann Zutritt. Wer durstig war, klopfte an ihre hölzerne Pforte. Dann klappte eine Luke in der Tür auf, und das Bier wurde vom Brauer hindurchgereicht.

Im Jahre 1910 erwarb Schultheiss die nahe Pfefferberg-Brauerei und legte sie bald still. Später wurden dort Schokolade hergestellt und Brot gebacken. Am Schultheiss-Stammsitz in Prenzlauer Berg reifte das letzte Bier Mitte der sechziger Jahre. Danach kümmerte sich niemand ernsthaft um die Zukunft der Labyrinthe. Jahrzehntelang sickerte Wasser von schadhaften Dächern in die Fabrikgebäude und weiter hinab ins Gewölbe. Die Schultheiss-Keller werden deshalb zur Zeit systematisch belüftet, um die Nässe herauszuziehen. Erst danach läßt sich Kultur unter die Erde bringen.

Zwei Etagen hinab auf rostigen Stufen ...

Für einige Zeit werden die Gewölbe also noch ein Geheimnis bleiben. Es beginnt am Pfefferberg an einem Holztor. Umständlich öffnet der Führer vier Vorlegeschlösser, dann schiebt er krachend die Riegel zur Seite. Kegel von Taschenlampen wandern über Ziegelwände, einst getüncht und tadellos sauber, doch inzwischen vom Staub eines halben Jahrhunderts geschwärzt. Zwei Etagen geht es hinab, Salpeter blüht, ein Gang unter Wasser, spindeliger Tropfstein, Sprünge über Pfützen. Rechts eine Wendeltreppe mit rostigen Eisenstufen. Sie verschwinden im Dunklen. Und überall Spuren der Berliner Geschichte. Die Höhlen dienten im Zweiten Weltkrieg als Luftschutzkeller. Deshalb hat man auf manche Wände Phosphorfarbe gestrichen, sie leuchtet wie im Geisterhaus. Ein schmaler Gang ist zum Schießstand ausgebaut, hier trainierte einst die DDR-Volkspolizei. Und gleich dahinter ein Raum voller Graffiti. Hier haben junge Eindringlinge nach der Wende Parties gefeiert und Filmemacher eine skurrile Kulisse gefunden.

Solche Gäste kamen auch ins Schultheiss-Gewölbe, das noch im Sommer 1997 wie eine geheime Fabrikanlage aussah, als hätte man es vor Jahrzehnten stillgelegt und Hals über Kopf verlassen. Im Hintergrund des Haupt-

... in die Finsternis unterm Pfefferberg

ganges die alte Dampfpumpe gegen Grundwasser und ein Tunnel, der unter dem Hof zum Kesselhaus führt, das gleichfalls weitläufig unterkellert ist. »Lore 1« hieß dieser Ort im Dritten Reich. Ein Deckname, denn Telefunken stellte in diesem Versteck kriegswichtige Röhren her.

Gegenüber, in den Braugewölben, standen rund sechzig gewaltige Gärtanks zwischen Rohren und Wannen, außen mit einem Pelz aus Rost und innen mit Emaille überzogen, bis zuletzt makellos weiß. Sie wurden vor dem Ersten Weltkrieg eingebaut und beschäftigten seit Anfang 1996 einen Trupp Männer mit Helmen, Ohrenkappen und Atemschutz. Schweißbrenner rauchten, Trennschleifer kreischten und sprühten Funkengarben. So schnitten sie die stählernen Riesen in Scheiben.

Einige Biertanks hätten Stadthistoriker gerne erhalten. Daß sie komplett zum alten Eisen gebracht wurden, halten sie für eine Sünde am Denkmalschutz. Ein industriegeschichtliches Museum unter Tage ist verlorengegangen. Seither sinkt der Aufzug in leergeräumte Hallen. Es hängt nun von der Phantasie ihrer Besitzer ab, ob sie sich zu einer Attraktion ersten Ranges entwickeln.

Führungen in die Gewölbe des einstigen Schultheiss-Stammsitzes lassen sich unter Info- ☎ 44 35 26 12 vereinbaren. Ein solcher Rundgang zeigt die heutige Kulturbrauerei in all ihren spannenden Facetten: Man durchwandert den Untergrund sowie die oberirdischen Gebäude des Industriedenkmals, das heute Theater, Konzertsäle, Kinos, Ausstellungsräume und Gaststätten beherbergt.

Eine einstündige Führung kostet 63 Euro, zu einer Gruppe sollten nicht mehr als 20 Personen gehören. Im Internet: www.kulturbrauerei-berlin.de.

Die Brauereigewölbe am Pfefferberg werden nur einmal jährlich am »Tag des offenen Denkmals« (12. bis 14. September) aufgeschlossen. Infos gibt es im Landesdenkmalamt Berlin unter ☎ 90 27–3670 und jeweils ab August im Internet: www.stadtentwicklung.berlin.de/denkmal.

Spaziergänge durch Berlins Unterwelt bietet auch die Firma »Kulturmanagement elfert« an. Das Programm läßt sich individuell absprechen, zur Auswahl stehen die Gewölbe einstiger Brauereien, aber auch stillgelegte U-Bahntunnel, Tiefbunker oder für besonders Mutige: ein Regen-Überlaufkanal. Er wird mit dem Schlauchboot befahren. Kontakt: siehe Infokasten zu Tiefbunkern.

Doch auch in ein Märchenreich kann man im Berliner Untergrund hinabsteigen. Der Weg führt durch einen schmalen Schacht am Westrand des Schloßplatzes in Mitte hinunter in die Stützgewölbe im Fundament des einstigen Nationaldenkmals zu Ehren Kaiser Wilhelms I. Das riesige Monument wurde 1897 auf dem Gelände der zuvor abgebrochenen Häuserzeile »Schloßfreiheit« errichtet. Es stand gegenüber dem Stadtschloß und grenzte direkt an den Spreekanal. 1950 ließ es die SED abreißen, nur die großen Gewölbekammern unter der bis heute erhöhten Sockelplatte blieben und verwandelten sich in den folgenden Jahrzehnten in Tropfsteinhöhlen: Stalagmiten und Stalaktiten wuchsen aus Boden und Decke. Besichtigungen ermöglicht der Verein Berliner Schloßfreiheit e. V. jeweils samstags ab 16 Uhr (telefonische Anmeldung unter ☎ 0179/768 22–70 oder –69).

Dekorative Kulissen für Zeugen der Urzeit. Andrea Hinke zwischen den Museumsschränken der Geologischen Sammlung im einstigen Preußischen Pferdestall

VERBORGENE WISSENSCHAFT

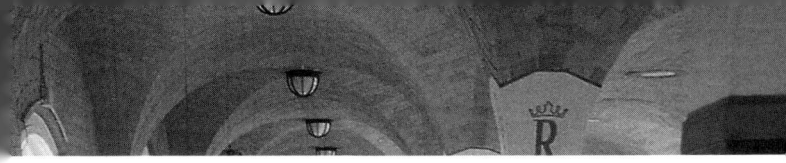

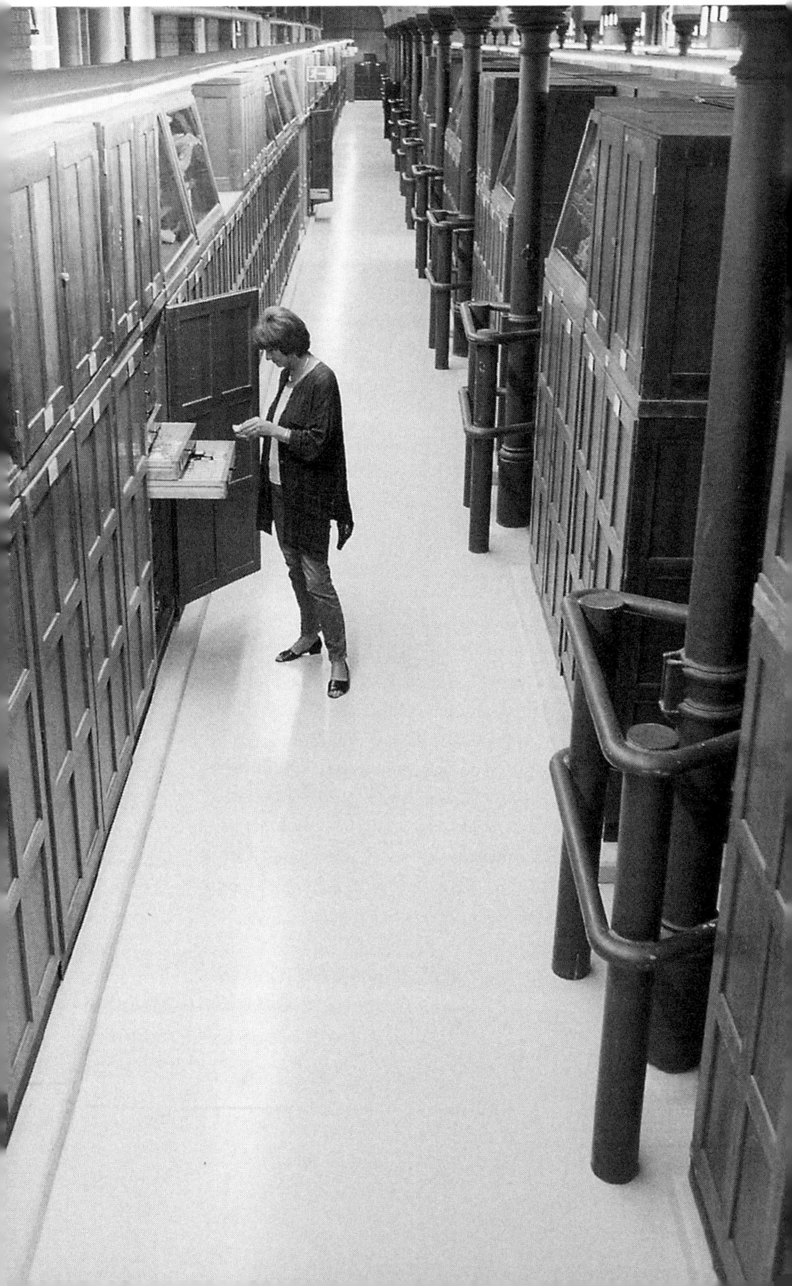

MIT DEM FAHRSTUHL
IN DIE URZEIT

Besuch in der Geologischen Sammlung Berlin

Im Grunde hat Andrea Heinke den ganzen Tag mit Zufällen zu tun. Alles in allem sind es viele tausend ungewöhnliche geologische Fügungen, genug für eine Lebensstellung an der Spandauer Wilhelmstraße 25–30. In drei preußischen Backsteinhallen hält sie die Wissenschaftlerin griffbereit: Schlupfwespen, von Bernstein umschlossen, weil sie vor mehr als 50 Millionen Jahren im prähistorischen Wald ausgerechnet ein großer Harztropfen traf; versteinerte Palmwedel, vor rund 250 Millionen Jahren unter Asche luftdicht begraben, weil ein Vulkan in ihrer Nachbarschaft ausbrach. Oder jene Zeugen der Erdgeschichte, zu denen das Etikett »Saurierfragmente« an einer Schublade verweist.

Geologin Andrea Heinke muß kräftig ziehen, um sie zu öffnen. Was ihre Zunft sammelt, hat Gewicht. Obwohl es sich in diesem Falle nur um die Knochen eines im Sediment eingebetteten Dactylosaurus Schroederi handelt, der vermutlich kaum größer war als ein Leguan und gleichfalls durch einen Zufall der Nachwelt erhalten blieb.

Zwei ehemalige königliche Stallungen und die Reithalle des preußischen Versorgungsbataillons beherbergen heute in der Spandauer Wilhelmstadt die umfangreichste geologische Sammlung Deutschlands und eine der größten Europas. Eine dekorative Kulisse, 1885/86 gebaut.

Hinter Rundbogenfenstern, überspannt von Kreuzgewölben, lagern mehr als zwei Millionen Fossilien, Mineralien, Gesteine und Bohrproben in Gängen aus hölzernen Museumsschränken und -vitrinen, die für Liebhaber antiquarischer Möbel schon ohne Inhalt eine kleine Attraktion sind. Sie stammen ebenso wie man-

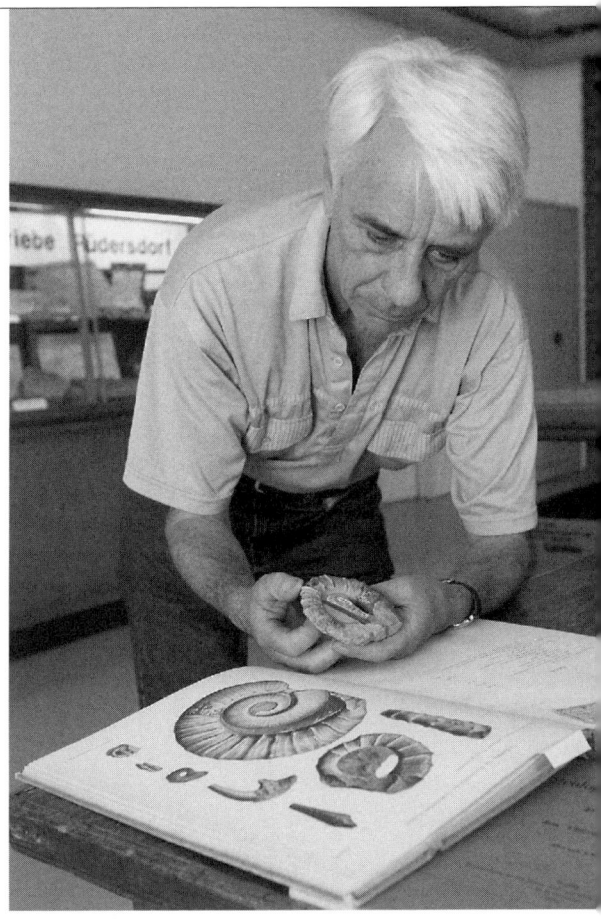

Ammonit. Wolf-
gang Lindert
bestimmt die
Herkunft

cherlei Fundstücke noch aus den frühen Tagen der 1873
gegründeten »Königlichen Geologischen Landesanstalt« und des Geologischen Landesmuseums an der Invalidenstraße. Ein Ambiente nicht nur für Forschungs-
zwecke. In den sanierten Klinkerbauten trafen sich auch
schon Wissenschaftler zur Candlelight-Party.

Das Landesmuseum wurde nach dem Krieg nicht
mehr eröffnet; erhaltene Sammlungen sowie den Besitz
der Landesanstalt übernahm das Zentrale Geologische

Ab in die
Vergangenheit

Institut der DDR am gleichen Ort. Es fügte eine Vielzahl neuer Exponate hinzu, weil die ostdeutschen Geologen den Untergrund ihres rohstoffarmen Landes in der Hoffnung auf Bodenschätze intensiv durchsuchten. Nach dem Mauerfall ging der Bestand an die »Bundesanstalt für Geowissenschaften und Rohstoffe« in Hannover, blieb aber in deren Berliner Außenstelle und wurde 1996 in Kisten verpackt – zwecks Umzug nach Spandau. Seither gibt es dort die Geologische Sammlung Berlin.

Andrea Heinke und ihre Kollegen haben schier alles zur Hand aus Schotter, Geröll oder eiszeitlichem Geschiebe. Auf Inline-Blades könnten sie dabei durch ihren Fundus eilen, denn jede Halle mißt 68 Meter in der Länge. In der Regel werden sie nur von Wissenschaftlern besucht, weil ihre Sammlung kein öffentliches Museum ist. Sie dient der Erforschung und Dokumentation und wird auch im wirtschaftlichen Interesse ausgebaut, da Erdgeschichtler den Lagerstätten von Rohstoffen auf der Spur sind. Sie kooperieren zudem mit Architekten, Bauingenieuren und Wasserwirtschaftlern, denn ihr Material gibt oft Hinweise auf die Beschaffenheit eines Baugrundes.

BERÜHREN NICHT VERBOTEN

Doch manchmal begrüßen die Geologen auch Besuchergruppen. Dann sind die kleinen gelben Zettel besonders wichtig. Jeder bekommt einen als Orientierungshilfe. »Damit Sie wissen, in welchen Jahrmillionen Sie sich gerade befinden«, sagt Andrea Heinke. Zum Beispiel im Quartär. Hände betasten einen Kieferknochen mit kräftigen Mahl- und Schneidezähnen, fahren behutsam über die porösen Flächen. Ein Urpony hat damit in der jüngeren geologischen Vergangenheit Gras gerupft. Quartär, Jura oder Devon – die Namen jener Zeitalter werden auf dem Zettel erläutert wie Stationen im Lift auf dem Weg zum Ursprung der Erde vor mehr als 4,5 Milliarden Jahren. Eine Fahrt mit ungewöhnlichen Freiheiten: Museumswächtern würde die Gruppe zum Alptraum, weil sie Fossilien, Gesteine oder Knochen wie selbstverständlich in die Hand nimmt, obwohl solche Schätze üblicherweise in Vitrinen streng geschützt sind.

Geologie zum Anfassen. Bernstein glitzert in Kästen, nicht aus Rügen, sondern »gefunden bei Canalisationsarbeiten an der Schöneberger Straße 23, etwa 3 Meter unter der Oberfläche«. Gletscher haben das versteinerte Harz nach Berlin geschoben. Im Nebengang weitere Aufschriften. »Fischreste«, »Kriechspuren« von Sauriern – und »Artefakte«, das sind die Werkzeuge des Urmenschen, wie z. B. Feuersteine.

Im zweiten Pferdestall schließlich Bohrproben auch aus jüngeren Zeiten, beispielsweise Untersuchungen des Untergrundes zur Standfestigkeit des Reichstages aus der Jahrhundertwende oder zum Bau des Fernsehturmes am Alex. Solche historischen Gesteinskerne aus der Sammlung sind bis heute nützlich. »Erst jüngst«, erzählt Geologe Wolfgang Lindert, »wurden entsprechende Proben aus dem Spreebogen zum Bau des Bundeskanzleramtes angefordert.«

Geologin Angela Ehling betreut eine weitere hilfreiche Sammlung. Sie erklärt ihre Naturwerksteine. Marmor, Granit, Muschelkalk werden in verschiedensten Ausformungen seit Jahrhunderten zum Schmuck und Bau von

Häusern in Steinbrüchen gewonnen und verarbeitet. Nahezu die gesamte Palette solcher Möglichkeiten ist in Spandau präsent, weshalb sich Architekten und Bauherrn hier an Modellstücken orientieren. Vor allem, seit die historische Mitte Berlins teilweise rekonstruiert und saniert wird. Welcher Marmortyp kommt dem Original heute nahe? »Schauen Sie mal in der Staatsoper auf den Boden oder ins Treppenhaus des Berliner Doms«, sagt Angela Ehling, dort entdecken Sie, wieviele Spielarten es alleine in Marmor gibt.«

Doch nun drängt es den zwölfjährigen Daniel zu den Sauriern. »Entschuldigung«, sagt eine Führerin, »wir haben hier keinen kompletten wie im Naturkundemuseum, sondern nur Einzelteile.« Aber solche Knochen sind gleichfalls imposant, obwohl die Größe in der Geologie nicht alleine Eindruck macht. Das zeigt die mikropaläontologische Abteilung mit mehr als 500.000 Präparaten winziger Urtiere und Pflanzen. Pollen, Sporen oder Mini-Muscheln, nur unter dem Mikroskop sichtbar, jahrmillionenalt, auf hunderttausenden Glasträgern, von Wissenschaftlergenerationen zusammengetragen. Darunter bestimmte Amöbentiere, die als Indikator für erdölhaltige Bodenschichten gelten. Tausendfach vergrößert, machen sie die Erdgeschichte sichtbar.

Doch auch ein schlichter Stein hat in der Erinnerung Gewicht, falls er aus Südafrika kommt und Goldspuren zeigt oder aus Asbest besteht, dem Grundstoff des in die Schlagzeilen geratenen Dämmschutzes. All das halten die Wissenschaftler in übersichtlicher Ordnung, den gesamten Fundus bringen sie dafür in die EDV hinein. Zum Beispiel die Konifere aus dem Perm. Andrea Heinke sucht sie per Mausklick: »Schrank 124, Fundort auf Meßtischblatt 5129«.

Durch die Geologische Sammlung Berlin werden Gruppen von maximal 20 bis 30 Personen geführt. Das Wissenschaftlerteam bietet aber jeden Monat nur wenige Rundgänge an, deshalb müssen Interessenten mit längeren Wartezeiten rechnen. Informationen gibt es unter ☎ 369 93–401 (Fax –100).

GEFÄLSCHTE STATUEN, KOGGE IN DER KISTE

Detektive der Kulturgeschichte im Rathgen-Institut

Im Büro an der Schloßstraße 1a geht Professor Josef Riederer vor Besuchern manchmal auf die Knie. Er zieht eine rote Plastikkiste unter dem Schrank hervor, kramt ein wenig zwischen den Säckchen aus Zellophan, in denen sich unförmige schwarze Teile befinden, dann nimmt er einige in die Hand. Teer, rostiges Eisen, Keramik. »Das ist auch so eine tolle Geschichte«, sagt Riederer. Denn diese Kiste hat ihm der mecklenburgische Verein für Unterwasser-Archäologie geschickt. Es sind Fundstücke aus einer Kogge des 13. Jahrhunderts, die in der Ostsee versank. Nun soll das Rathgen-Forschungslabor der Staatlichen Museen zu Berlin ihren Geheimnissen auf die Spur kommen. Material? Alter? Verwendungszweck? Für den Chef des Institutes ein willkommener Auftrag. »Sie können heute kein Kunstwerk und keine Handwerksarbeit erforschen ohne eine Analyse des Werkstoffs, seiner Herkunft und der Techniken, mit denen sie gefertigt wurden.«

Diesen wissenschaftlichen Auftrag erfüllt das Rathgen-Institut seit mehr als einem Jahrhundert. Es ist nach dem Gründer des Chemischen Laboratoriums der Königlichen Museen in Berlin, Friedrich Rathgen (1862 bis 1942), benannt, gehört heute zur Stiftung Preußischer Kulturbesitz und untersucht Gemälde, Statuen, Keramiken, Mauerteile oder andere Zeugen der Kunst- und Kulturgeschichte. Im Jahre 1888 schaute sich Rathgen erstmals Museumsobjekte mit physikalisch-chemischen Methoden genauer an. Später gab es in Berlin verschiedene Nachfolgelabors, und in den siebziger Jahren kamen moderne, EDV-gestützte Techniken ins Haus. Mit ihnen auch Direktor Josef Riederer: Geologe, Denkmalpfleger, 59 Jahre alt und ebenso wie vier weitere Wissenschaftler in der großen Altbauwohnung im zweiten Stock über dem Bröhan-Museum in Charlottenburg geradezu ein Tausendsassa in Sachen Kulturhistorie – vom Forschungsprojekt über Dreikantschwerter bis zur Untersuchung antiken Schuhwerks. Außerdem kümmern sie sich um die Ursachen von Umweltschädigungen und machen Sanierungsvorschläge, beispielsweise für angegriffene Zinkfiguren wie »Pegasus« auf dem Alten Museum oder für Glasperlen im Museum für Völkerkunde. Diese Perlen wurden Anfang des 19. Jahrhunderts in Böhmen produziert, als Tauschware in Afrika verteilt, kehrten später im Gepäck von Expeditionen nach Deutschland zurück und landeten schließlich in den sechziger Jahren in Berliner Museumskisten. Aber deren Klebstoff dünstete Formaldehyd aus, das ihre Oberfläche angriff. Das Rathgen-Labor wies die Schäden an den Perlen durch belastete Raumluft nach.

Es gibt bundesweit kein zweites, derart umfassend arbeitendes Laboratorium auf dem Gebiet der Kunstgeschichte. Deshalb hat sein Chef auch mehr als eine Plastikkiste im Büro. Ein Griff, ein Ruck, er holt die zweite aus Neuenhagen hervor. Randvoll mit Säckchen voller Scherben aus der Eisenzeit. Zerschmolzene Bruchstücke von Schalen und Bechern. »Vielleicht«, sagt Riederer, »sind das Zeugen einer Katastrophe.« Er wendet einen Klumpen hin und her. Ausgegrabene Reste eines Dorfes, stark geschädigt. Entweder durch Produktionsfehler – oder durch einen Großbrand zerstört. Das soll sein Institut nun klären. Ein Auftrag für die Berliner Detektive der Kulturgeschichte.

Riederer tritt in einen Raum von der Größe eines Klassenzimmers. Auf den Tischen Elektronenmikroskope. Das vorderste zeigt die Kulisse einer Feenlandschaft. Goldkügelchen auf grünlichem Untergrund. »Ein antiker Schmuck mit aufgelötetem Goldgranulat«, sagt Riederer. Deutlich erkennbar: Das Metall des Reifes wurde ausgehämmert und so präzise gelötet, wie die Forscher nun mit Elektronikhilfe die Technik des Handwerks erkunden. Das gelingt ihnen auch mit einer hauchdünnen

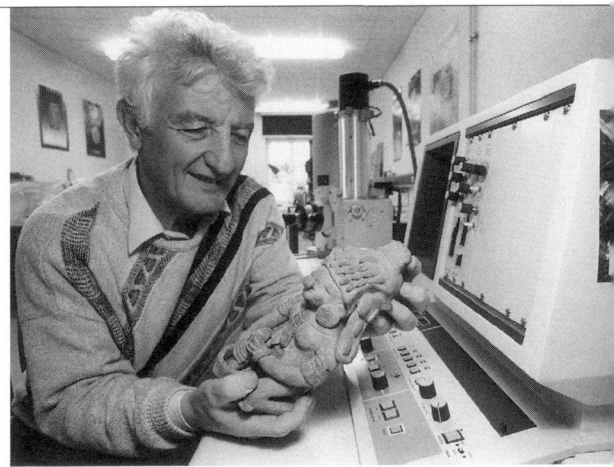

Enttarnt. Josef Riederer mit einer gefälschten Maya-Figur

Probe aus der Versilberung eines Leuchters des Potsdamer Palais. Gitterstrukturen und scharfe Konturen zeigen, wie raffiniert für die hohen Ansprüche der Kundschaft gearbeitet wurde.

Jedes Mikroskop dringt in die Tiefen eines anderen Werkstoffes ein und zeigt Bilder aus verborgenen Welten. Leinenfäden, groß wie Bambusrohr. Wollfäden, geschuppt wie Echsen. Daneben hauchdünne Proben aus Tongefäßen. Sie offenbaren Urweltreste. Eingeschlossener Quarz, Glimmer oder Seeigelstachel. Solche Zutaten weisen den Fahndern den Weg, weil sich jede frühere Schürfstätte, jeder Herstellungsort durch eine typische Mischung identifizieren läßt.

Zugleich verfolgen sie im Laboratorium nebenan noch feinere Spuren mit chemisch-physikalischen Verfahren. Röntgen-Fluoreszenz-Methode, Hochdruckflüssigkeits-Chromatographie heißen sie. Damit rücken sie römischen Göttern zu Leibe. Ein paar Späne aus einer Fortuna-Statue genügen Josef Riederer, damit sein Computer die Göttin in Zahlentabellen ausdruckt. Es sind ihre Anteile von Zink oder Messing im Guß.

Zur Zeit arbeiten die Wissenschaftler eng mit der Sammlung für Asiatische Kunst auf der Museumsinsel zusammen. Deren Fundus wird erfaßt, deshalb analy-

Internationaler Einsatz: Diese Bodhisattvastatue in Sri Lanka wurde mit Hilfe des Rathgen-Institutes saniert

sieren sie Keramiken und ziehen Rückschlüsse auf Fundorte, Glasuren, frühe Handelswege für Geschirr und Rohmaterial. Häufig entdekken sie bei solchen Untersuchungen überraschend moderne Produktionsmethoden. »Schon in vorchristlicher Zeit«, sagt Riederer, »wurden viele Dinge in Serie gefertigt.« Zum Beispiel etruskische Spiegel aus polierter Bronze, Metalltaufbecken und Grabplatten des Mittelalters oder römische Bronzefibeln. Zu Hunderten hat sie das Rathgen-Institut in ganz Deutschland untersucht und mit winzigen Bohrern dafür Metallspäne entnommen.

DIE KRUMMEN TOUREN DER KAISER

Hin und wieder schaut sein Team auch Gemälden unter die Farbdecke und nutzt dabei gleichfalls die Röntgen-Fluoreszenzmethode. Joseph Riederer setzt einen weißen

Krümel in einen Metallbehälter von der Größe eines Kochtopfes und verschließt ihn. Röntgenstrahlen tasten das Objekt ab, Kurven wie ein Herzdiagramm wandern über den Bildschirm und bergen eine Menge Informationen über die Art des Farbpigments im Krümel. Es ist Zinkweiß, das im 19. Jahrhundert üblich war. Also läßt sich die Entstehungszeit des Bildes, aus dem die Probe entnommen wurde, nun genauer eingrenzen. Bleiweiß hätte aufs 18. Jahrhundert hingewiesen, Titanweiß auf die Zeit nach 1910.

An historischen Gebäuden wird das Alter hingegen mit der Thermolumineszenz-Methode bestimmt. So sind die Rathgen-Forscher am Kloster Chorin stark engagiert. Ihr Apparat mißt das Ausmaß von Veränderungen, die radioaktive Substanzen im Klinkerstein über Jahrhunderte anrichteten, und ermittelt auf diese Weise die Bauzeit. Doch Radioaktivität kann auch in anderer Hinsicht ein wichtiges Hilfsmittel sein. Kommen Gemälde auf den Prüfstand, arbeitet das Rathgen-Labor deshalb eng mit dem Hahn-Meitner-Institut in Wannsee zusammen. Autoradiographie heißt die Methode. Auf diesem Wege wurde der »Mann mit Goldhelm« als Bild eines Rembrandt-Schülers identifiziert. Zuvor galt er als Werk aus des Meisters Hand (Weiteres im Hahn-Meitner-Porträt im gleichnamigen Kapitel).

Doch manchmal geht es auch einfacher. Riederer zieht eine Schublade auf. Hunderte Glasträger mit farbigen Klecksen. Proben von Bindemitteln, wie sie frühere Maler für ihre Farben mixten. Jeder hatte sein individuelles Rezept. Eigelb mit Knochenleim, mit Ochsengalle. Werden sie angestrahlt, bricht jede Mischung das Licht im Spektrometer auf andere Weise. So finden die Rathgen-Detektive den Künstler eines unsignierten Gemäldes heraus.

Oder sie kommen einer Fälschung auf die Spur. Schließlich werden sie häufig zu Rate gezogen, wenn Museen neue Exponate kaufen, deren Echtheit anzweifeln oder Betrug im eigenen Bestand vermuten. Beispielsweise künstliche Patina, durch Säure erzeugt. Das Elektronenmikroskop bringt sie ans Licht. Es zeigt Säurefraß im Metall statt der großen grünen Patinakristalle auf natürlich gealterter Bronze. Jüngst entdeckten die Forscher auch Schwindel im Antikenmuseum. Sie stellten fest, daß knapp zwanzig Prozent aller griechischen Terrakotta-Statuetten aus dem 3. Jahrhundert vor Christus keine Originale sind. Und die krummen Touren der Römerkaiser hielten moderner Analytik gleichfalls nicht stand. Mit Geldtricks versuchten sie ihr Reich bei Kasse zu halten. Je heftiger es finanziell schlingerte, um so mehr Blei statt Zink mixten sie den Münzen bei.

Solche Erkenntnisse greift in der Regel nur die Fachpresse auf, der Fall des Mosaikbildes mit der sinnenfrohen florentinischen Landschaft machte im Frühjahr 1998 aber eine Menge Schlagzeilen. Möglicherweise, so wurde dem Institut mitgeteilt, gehöre es zum legendären Bernsteinzimmer des Preußen-Königs Friedrich I. (1688 bis 1740). Einst hatte er dieses achte Weltwunder dem russischen Zaren geschenkt, die Nazis verschleppten es 1941 aus dem Schloß bei St. Petersburg nach Königsberg, und dort verschwand es 1944 spurlos. Nur dieses eine Bild war Mitte 1997 im Zusammenhang mit Kunstraub-Recherchen in Bremen in die Hände der Kripo geraten. Danach sollten die Charlottenburger Forscher im Auftrag der Staatsanwaltschaft seine Echtheit prüfen.

Seither lag es dort unter strengem Verschluß. Ein Bildnis elegant gekleideter Menschen, das den Geruchssinn darstellt. Sie erfreuen sich am Duft einer Rose, zwei Hunde beschnüffeln einander. Die Wissenschaftler untersuchten das Material und verglichen es mit den Strukturen des Mosaiks auf alten Fotografien. Keine Schattierung ließen sie unberücksichtigt, bis sie das Rätsel gelöst hatten. Das Mosaik stammte tatsächlich aus dem Bernsteinzimmer.

Gruppen werden nach Vereinbarung durch das Rathgen-Forschungslabor an der Schloßstraße 1 a in Charlottenburg geführt. Wegen der Räumlichkeiten sollten sie nicht allzu groß sein. Weitere Informationen gibt es unter ☎ 326 74 90.

DER MIT DEN WÖLFEN HEULT

Animalische Unterhaltung im Tierstimmenarchiv

Karl-Heinz Frommholt wird geschäftig. »Einen Moment mal, wollen Sie die Wölfe hören?« Er greift ins Regal, hält eine braune Papierhülle in der Hand, zieht eine Kassette heraus und legt sie in seinen Studiorecorder. »Aufgenommen in Rußland, im Quellgebiet der Wolga.« Der Verhaltensbiologe drückt auf einen Knopf. Es knistert, dann bricht seine Lieblingsmusik los: Dieses lange, wehmütige Klagen, dieses vielstimmige Heulen in allen Tonlagen. Ein schaurig-schönes Wolfkonzert, als stünden die grauen großen Tiere draußen im Korridor vor dem Klingelknopf mit der Aufschrift »Bioakustik«.

»Achtung«, sagt Frommholt, »jetzt hören Sie die Welpen.« Drei helle, zittrige Stimmen. »Sie antworten der Mutter.« Und nun ein machtvoller Chor. Das ganze Rudel. So werden einsame Schlittenfahrten vertont, solche Melodien erklingen am Fuße von Karpatenschlössern. Doch hier, im Museum für Naturkunde in Mitte, drehen sich die Tonbänder für einen anderen Zweck: Frommholts Wölfe heulen für die Wissenschaft.

Der 40jährige kennt sich in der Vielfalt tierischer Stimmen so gut aus wie Musikredakteure in den neuesten Charts. Eine der weltweit größten Tierstimmensammlungen hat er im Griff, rund 300.000 Aufnahmen von 1800 Vogelarten, 600 Säugetieren und 150 Insekten. In Deutschland ist dieses Archiv einmalig, Professor Günter Tembrock hat es seit 1951 am Institut für Biologie der Humboldt-Universität systematisch aufgebaut, doch seit 1995 gehört es zum Museum an der Invalidenstraße – und die Nachfolger des Professors sind gerade dabei, modernste Techniken ins Tonstudio zu holen: Alle Aufnahmen werden digitalisiert, auf CDs übertragen und im Computer erfaßt – vom Röhren des Hirsches bis zum Gelenkeknacken der Wolfsspinne, das ihr als Werbungstrommeln dient.

Heute schaut Karl-Heinz Frommholt noch manchmal in Ordnern nach, um eine bestimmte Aufnahme zu finden. Erst hatte er ja als Student mit der »Ökologie des Maulwurfs« geliebäugelt, aber dann schrieb er doch seine Diplomarbeit über das »Heulen von Wölfen, Schakalen und Dingos« und seine Promotion über die »Lautgebung des Wolfes«. Doch er kennt auch die »Brut- und Gesangsphänologie des Drosselrohrsängers« oder die Äußerungen kleiner Krokodile, die gerade aus dem Ei gekrochen sind. Noch im Sand verbuddelt, quäken sie laut. Dann gräbt sie die Mutter aus und schleppt sie zum Wasser.

»Noch einen Wunsch?« Der Biologe weist zum Mischpult, als betreibe er in seinen drei Räumen mit den hohen Regalen, die vollgestellt sind mit alten Tonbändern, Kassetten und CDs, Berlins ersten Tierstimmensender. Ein Archiv wie eine Radiostation. Also, Unterwasseraufnahmen von Süßwasserfischen oder das Schwanzrasseln einer Klapperschlange? Frommholt legt das Demoband »Fische« ein.

Es war ein hartes Stück Arbeit, den Schmerzensschrei des Steinbeißers aufzunehmen, der wie ein Schuß knallt, oder das knatternde Paarungsgeräusch der Preußenfische. Denn unter Wasser flitzt der Schall viermal schneller voran, das erschwert Tauchern die Orientierung. Den Knurrhahn haben sie mit dem Mikro aber dennoch erwischt. Er schreit erschrocken. Das klingt wie eine Rollerhupe. Und ein Karpfen malmt hungrig. Es hört sich an wie Kiesel in einer Gesteinsmühle.

Bioakustiker haben Geduld. Stunden oder Tage sind sie manchmal auf Pirsch für eine gelungene Aufnahme. »Früher standen wir mit unseren großen Tonbandgeräten vor den Gehegen im Zoo«, erzählt Frommholt. Doch inzwischen sind die Aufnahmetechniken raffinierter geworden. Richtmikrophone, kleine Recorder, sogar Parabolspiegel gehören zum Expeditionsgepäck, sie bündeln Schallwellen und werfen sie gezielt aufs Mikro.

Einsamer Wolf. Tierstimmen-Experte Karl-Heinz Frommholt

Jüngst reiste Frommholt mit russischen Kollegen zu den Kommandeursinseln am Südrand des Beringmeeres und peilte den Polarfuchs an. Doch er zieht auch mit Studenten gerne auf die Halbinsel Kindo in Karelien, ein halbautonomes russisches Gebiet zwischen dem Weißen Meer und dem Finnischen Meerbusen. Dort nimmt er den Prachttaucher, Unglückshäher oder die kleine, zierliche Zwergammer auf und notiert gewissenhaft, bei welchem Wetter der Vogel sang, in welcher Entfernung, ob solo oder im Quartett mit anderen.

Daten für die Analyse in Berlin. Verhaltensbiologen interessieren sich dafür, weil Laute entstehen, sich entwickeln und das Paarungsverhalten beeinflussen. Oder sie untersuchen die Gesangsvariabilität von Singvögeln. Zu verblüffenden Ergebnissen sind sie dabei gekommen. »Auch Vögel«, sagt Frommholt, »haben Dialekte.« Manche nutzen ihre Schnäbel so unterschiedlich, daß sich die gleiche Art nicht versteht. Unter den Krähen ist das so. Stößt eine sibirische Krähe Warnrufe aus, bleiben ihre französischen Stammesgenossen ruhig sitzen. Auch Zilpzalpe im Kaukasus und in Deutschland haben

Verständigungsprobleme, Frommholt kann das an seinem Computer demonstrieren.

Der Computer ist eine äußerst hilfreiche Errungenschaft. Seine Software »Canary« wurde in der weltgrößten Tierstimmensammlung an der New Yorker »Cornell-Universität« entwickelt. Frommholt klickt die Zwergammer auf der Festplatte an. Jetzt erscheint rechts oben im Schirm ein kleiner Kanarienvogel. Ein zweiter Klick, direkt auf den Schnabel. Schon erklingt die Melodie der Zwergammer, und jede Strophe erscheint im Mac als Klangbild mit Lautstärken und Frequenzverlauf. Fast wie ein Notenblatt für den kleinen Vogel.

Doch zurück zu den Wölfen. Ein zweites Heulkonzert. Der Mann im Studio lauscht, dann sagt er: »Hier, der eine bin ich.« Frommholt als Wolf, ein einsamer Kläger in der Nacht. Und jetzt antwortet ihm das Rudel. Wie heult man mit den Wölfen, Herr Frommholt? »Kinn hoch, Hände als Trichter vor den Mund, und die Lippen runden.« Aber der Ton mißglückt. »Klingt eher wie ein Schakal«, sagt der Experte.

Karl-Heinz Frommholt führt Gruppen mit maximal zehn Personen durch die Tierstimmensammlung. Seine Arbeitsräume liegen im Westflügel des Museums für Naturkunde an der Invalidenstraße. Er ist allerdings stark belastet; längere Wartezeiten sind möglich. ☎ 209 38 64–0.

URAN, SOLARKRAFT, TUMORTHERAPIE

Das Hahn-Meitner-Institut – Stadt der Forscher

Professor Rajeshwar P. Wahi spricht über Neutronenstrahlen wie andere Leute über Wunderdinge. Zum Beispiel über eine Brille, mit der man durch Wände schauen
kann. Denn im Grunde sind seine Neutronen ein ähnlich
phantastisches Hilfsmittel. Mit ihrer Unterstützung blickt
er tief ins Innere vieler Materialien. Wenn der Professor
erzählt, hebt er manchmal eine Hand. Dann schiebt er
sie resolut vor, als folge sie der Flugbahn einer soeben
abgefeuerten Kugel.

»So schießen wir die Neutronen auf die Materialprobe«,
sagt er. Sie dringen ein ins Metall und andere Stoffe, tref-
fen auf deren Atome, aber sie lassen jedes an seinem
Platz. Die Eindringlinge prallen ab und geraten auf neue
Bahnen. Die Art und Weise, wie sie ihren Weg fortsetzen,
wird registriert und ist ein Schlüssel zur Erkenntnis über
die Eigenschaften von Materialien und ihre Defekte.

Neutronenstreuung, oder: Strukturanalyse mit Neu-
tronenstrahlung nennen die Fachleute dieses Verfahren.
Praktiziert wird es in zwei streng bewachten Hallen.
Mehrere Sicherheitschecks, dann steht der Besucher
wie ein Knirps vor einem physikalischen Laboratorium,
das offenbar mit dem Vorsatz aufgebaut wurde, möglichst kompliziert und gewaltig zu erscheinen. Eiserne
Stege führen über die Versuchsfelder. Röhren, Maschinen
und Apparate greifbar nah, unter den Füßen Schächte,
gefüllt mit Kabeln und surrender Technik. Über die Wand
marschiert eine digitale Leuchtschrift. »Kalte Neutronenquelle in Kaltbetrieb«. Dahinter steht der Forschungsreaktor BER II. Hier, im Südwesten von Berlin, befindet sich
an der Glienicker Straße in Wannsee das Hahn-Meitner-
Institut (HMI), in dem auch Solarzellen für übermorgen

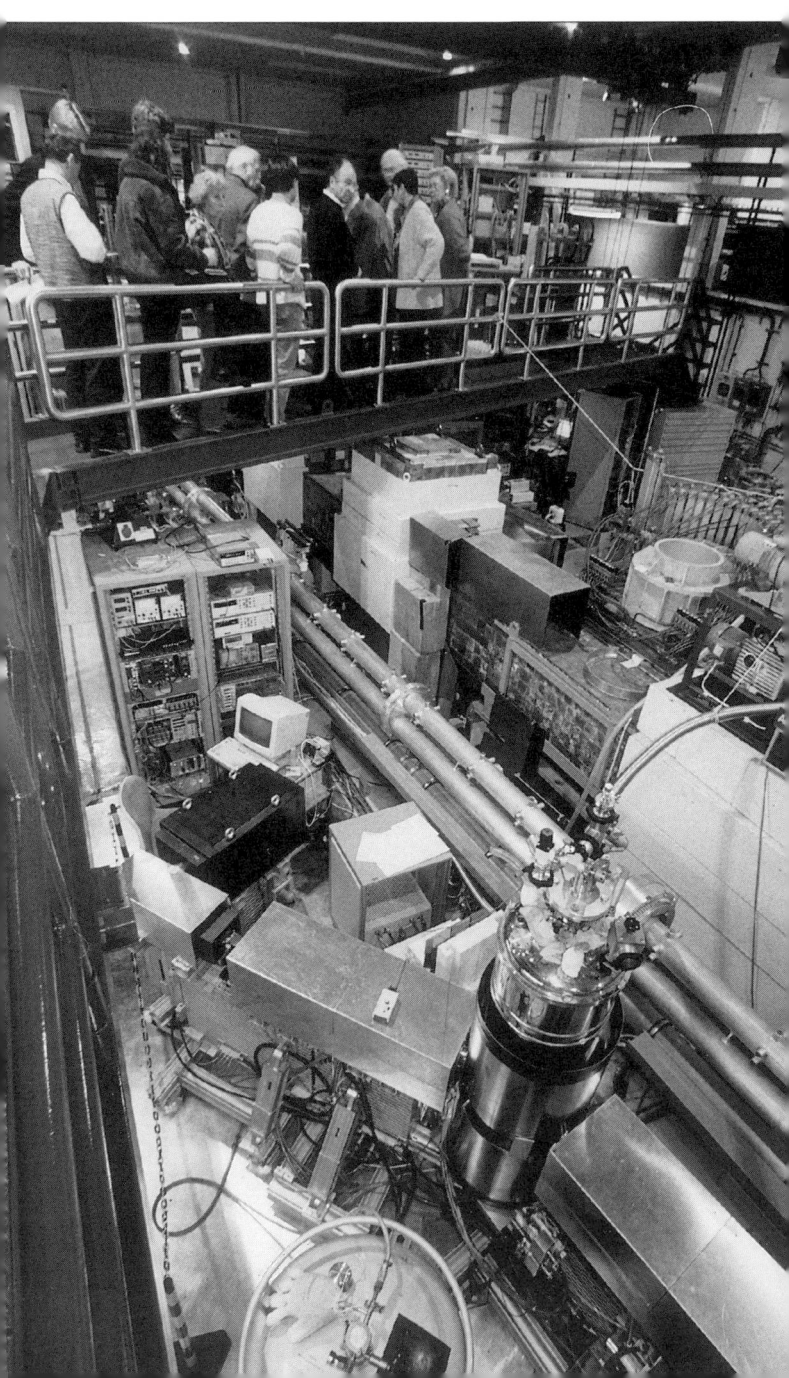

entwickelt oder beschleunigte Protonen für medizinische Zwecke eingesetzt werden. Es ist eine von sechzehn Großforschungsanlagen in Deutschland.

Begehrte Neutronenquellen

Rasen, Fahrwege, weiße Gebäude. Eine Stadt im Grünen für Wissenschaftler. Hinter der höchsten Fassade steht die Neutronenquelle. Der Forschungsreaktor. Einst sollte er einen großen Nachbarn bekommen, einen Atommeiler zur Stromgewinnung. »Atomkraftwerk rückt näher«, meldete der Tagesspiegel 1959. Aber der nötige Sicherheitsabstand zu Wohngebieten war nicht einzuhalten, so arbeitete seit 1959 nur ein kleinerer HMI-Reaktor für andere Zwecke: Er produzierte keine Wärme, sondern schoß Neutronen durch Stahlrohre zu den Experimentierplätzen. Willy Brandt, damals Regierender Bürgermeister, hat ihn eingeweiht. Auch die Namensgeber des Institutes, die Atomforscher Lise Meitner und Otto Hahn, nahmen an der Feier teil.

Heute ist ein leistungsstärkerer Nachfolger in Betrieb, dessen Start Anfang der neunziger Jahre umstritten war. Die damalige Landesregierung untersagte den Gebrauch »wegen der ungeklärten Atommüllentsorgung«. Bürger protestierten: »Wir wollen keinen Atommüll in Berlin«. Inzwischen werden die Brennelemente zur Wiederaufbereitung in die USA gebracht.

Um den Reaktor ist es still geworden, obwohl an seinem Fuße Spektakuläres geschieht. Grundlagen für umweltfreundlichere Flugzeugtriebwerke mit weniger Treibstoffverbrauch und geringeren Abgaswerten werden beispielsweise entwickelt. Das Ziel erfordert höhere Betriebstemperaturen in der Turbine. Doch mehr als 1200 Grad Celsius halten bekannte Metalle auf Dauer kaum aus. Deshalb erforscht das Team um Professor Rajeshwar Wahi nun Superlegierungen im Neutronenstrahl. Ein Detektor mißt, wie sich die hilfreichen Teilchen zerstreuen. Das ist ein tonnenschweres Instrument auf Füßchen, so klein wie Unterteller. Ein Knopfdruck, jetzt schweben die Teller auf Luftkissen so knapp über dem

Im Reich der
Großforschung

Einst umstritten. Der Forschungsreaktor

Marmorboden, daß kein Papier dazwischenpaßt. Aber das gesamte Gerät können die Forscher nun um Bruchteile eines Millimeters bewegen. So stellen sie den Winkel ein, in dem die Neutronenschar auf die Probe prallt.

Oder auf Malereien. Beschießt man ein Bild mit Neutronen aus dem Forschungsreaktor, so erzeugen sie verblüffende Reaktionen: Ihre radioaktive Strahlung holt verdeckte, tieferliegende Farbschichten schemenhaft hervor, indem sie diese aktiviert. Auf diese Weise läßt sich der Werdegang eines Gemäldes verfolgen, der Sinneswandel des Künstlers, oder man entdeckt stilistische Eigenarten, die unserem Auge verborgen bleiben, aber auf eine Fälschung hinweisen. Auch Jan Vermeers »Junge Dame mit Perlenhalsband« gab bei einer solchen Tiefenanalyse ihre Geheimnisse preis. Vor rund 300 Jahren entstand das Bild aus Skizzen und überpinselten Varianten. Nach der Bestrahlung ließ sich dieser Weg Schritt für Schritt nachvollziehen – ein Erfolg der Autoradiographie. Bereitwillig hat das Institut auch dem Museum für Indische Kunst geholfen. Eine buddhistische Malerei war mit Ruß bedeckt, ohne Schaden hätte man sie nicht freilegen können. Doch Neutronenstrahlen haben die Prinzessin zwischen Lotosblüten enthüllt.

Neben der Autoradiographie hängt ein runder Metallbehälter. Darin herrscht die tiefste Temperatur von

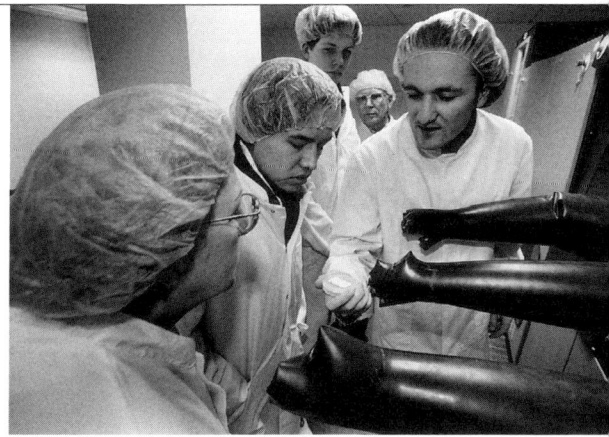

Reinraum-
kleidung im
Solarlabor

Berlin. Knapp 273 Grad minus. Der Magnetismus reiner
Silberkristalle läßt sich bei einem solchen Kältesturz am
besten beobachten. Eines von Hunderten Experimenten,
für die Wissenschaftler aus ganz Europa nach Wannsee
drängeln. Der Reaktor kann ihnen gar nicht genug Neutronen liefern.

Wie ein riesiger, aufrechter Container steht er zwischen den Experimentierhallen. Am Boden strömt der
begehrte Stoff aus, ganz oben arbeiten Techniker im
Steuerstand. Schräg unter ihnen ein ovaler Raum im
künstlichen Licht. In der Mitte zwei Becken wie Brun-
nenschächte. »Ein Schwimmbad-Reaktor«, sagen Experten. Die Schächte sind elf Meter tief und randvoll mit
Wasser. Ein himmelblauer Schimmer liegt darauf, ein
Phänomen der Kernspaltung, es heißt »Cherenkov-
Strahlung«. Und irgendwo in der bläulichen Tiefe des
Wassers liegen die 36 Brennelemente aus Uran, kaum
größer als ein Paket. Männer in weißen Kitteln stehen
wie Schwimmeister am Beckenrand. »Das Wasser hält
die Strahlung vollständig zurück«, erklärt der Betrieb-
schef. »Explosionsartige Kettenreaktionen wie in Tscher-
nobyl sind im HMI unmöglich.« Gleichwohl gibt es viele
Sicherheitssysteme bis zum Ausgang. Schleusen zi-
schen, dann eine Kabine: der Ganzkörper-Monitor. Zeiger vibrieren, Kontaminationen würden sofort angezeigt.

DAS ZYKLOTRON

Ortswechsel. Nur fünf Minuten Fußweg vom Reaktor entfernt gibt es ein Gerät mit dem Umfang einer Turnhalle. Das Zyklotron. Instrument des Ionenstrahl-Labors zur Beschleunigung von Ionen und Protonen. Seit September 1998 werden mit seiner Hilfe im Hahn-Meitner-Institut Augentumore behandelt, ein Projekt in Zusammenarbeit mit dem Uniklinikum Benjamin Franklin. Bisher ist eine solche erfolgversprechende Therapie nur in Cannes, Nottingham und Aarhus möglich.

Das Zyklotron braucht keine Kernbrennstoffe. Zwei Hochfrequenzspulen und vier Elektromagnete, jeder so groß wie ein Pkw, bringen die elektrisch geladenen Partikel eines Gases auf Tempo und halten sie in einer bestimmten Bahn. Im Gegensatz zu Neutronen schädigen diese Protonen einen Stoff, in den sie eindringen. Am weitaus stärksten ist die Zerstörung dort, wo sie zur Ruhe kommen, denn in diesem Moment geben sie die meiste Energie ab. »Das nutzen wir für medizinische Zwecke«, sagt der Laborchef. Exakt berechnet sein Team den Weg der Protonen durchs Strahlrohr in den Behandlungsraum bis zum Patienten – erst am Tumor sollen die Teilchen stoppen und ihre Vernichtungskraft entfalten – wie programmierte Lenkwaffen, nur schmerzfrei.

SOLARZELLEN FÜR DIE ZUKUNFT

Wieder ein Ortswechsel, noch mehr weiße Gebäude zwischen Plattenwegen und dann ein Haus, in dem Solarzellen für die Stadt der Zukunft entwickelt werden. Eine der größten deutschen Forschungsstätten für Photovoltaik. Hier züchtet die Kristallographin Yvonne Tomm Kristalle mit einer besonders effektiven Beziehung zum Sonnenlicht und Namen wie Zungenbrechern. Zum Beispiel Kupfer-Indium-Diselenid. Wirksamer als jedes andere Material sollen sie die Strahlung absorbieren und in Elektrizität umwandeln. Manche brauchen eine gewaltige Hitze, etwa 900 Grad Celsius, und einen ruhigen Ort. So wachsen sie in einer Ampulle in Wannsee sieben

Tage lang. Moleküle eines Gases erstarren zum festen Stoff, bis ein winziges Teilchen schimmert, als hätte es ein Goldschmied gefertigt. Das ist der Grundstoff für jene hauchdünnen neuen Zellen, von denen die Solarforscher schwärmen.

»Fenster oder Glasdächer kann man damit beschichten«, sagen sie. Ein stromerzeugender Ersatz für die heutigen Verspiegelungen und Schattenspender − ohne Sichtverlust. Die bisherige Siliziumzelle soll durch Materialien abgelöst werden, die auch möglichst kostengünstig, stabil, ungiftig sind und keine Rohstoffsorgen oder Müllprobleme bringen. Mehr als hundert Wissenschaftler und Laboranten arbeiten daran im HMI. Sie werden »noch jahrelang eine Menge zu tun haben«, sagt die leitende Professorin Martha Ch. Lux-Steiner.

»Hinter dieser Linie Reinraumkleidung«, gebietet ein Schild. Kittel, Schuhüberzieher, Haarnetz. So verkleidet, kontrolliert ein Forscher einen Apparat, groß wie ein Container, in den keine unerwünschte Substanz geraten darf. Höchstes Reinheitsgebot. Hinter Vakuumschleusen werden die neuen Stoffe auf Glasträger gedampft. Eine Solarzelle entsteht. Ein Chip, konstruiert wie ein Sandwich aus Schichten, die Licht absorbieren, Strom leiten und ihn abführen. Winzige Kraftwerke und Schaltzentralen − entwickelt in Wannsee, wo einst die Atomkraftgegner revoltierten.

Gruppen von 5 bis maximal 20 Personen werden nach Absprache durch das Hahn-Meitner-Institut geführt. Zum Standardprogramm gehören die Strukturforschung mit Neutronenstrahlen am Forschungsreaktor BER II sowie die Solarenergieforschung. Die Steuerwarte des Reaktors ist aus Sicherheitsgründen tabu. Ansonsten lassen sich auch Sonderwünsche absprechen. Wegen der starken Nachfrage müssen Neugierige beim HMI geduldig sein und erfahrungsgemäß drei bis vier Monate warten, bis sie zum Ziel kommen. Kontakt: Hahn-Meitner-Institut, Glienicker Straße 100, 14109 Berlin, ☎ 80 62 20 51 (Elke Schramm). Im Internet: www.hmi.de.

MITBRINGSEL
VON JAMES COOK

In den Schatzkammern des Botanischen Museums

Zwei Treppen ins Kellergeschoß, ein langer Flur. Das Surren einer Neonröhre. Professor Walter Lack schließt eine Tür auf, betritt seine ungewöhnliche Bibliothek, vielleicht so groß wie ein Klassenzimmer, und drückt auf den roten Knopf an der Wand. Es rumpelt in einem riesigen grauen Stahlkasten mitten im Raum, der an einen Container erinnert und rundherum kaum Platz für den Direktor am Botanischen Schaumuseum und seine Besucher läßt. Man kann diesen Kasten an verschiedenen Stellen auseinanderfahren. Ein Ruck, ein Spalt, Walter Lack verschwindet im Inneren zwischen vollgepackten Regalen. Tausende Umschläge aus dunkelblauem Löschpapier, in jedem eine getrocknete Pflanze, knapp 200 Jahre alt. »Diese hier«, sagt der Wissenschaftler, »wurde bei der zweiten Cookschen Weltumseglung im Jahre 1775/76 gesammelt.« Das unscheinbare Kraut mit den kleinen schwarzen Blättchen von der Küste Neuseelands wurde so sorgfältig behütet wie heutzutage das Gestein von anderen Himmelskörpern.

Eukalyptus aus Australien, die Tomate aus Mittel- und Südamerika und viele andere Exoten – alles Entdeckungen der europäischen Wissenschaft im 18. und 19. Jahrhundert. Sie wurden als Trockenpflanzen fürs Königliche Herbarium oder als Samen nach Berlin geschickt, wo man sie im damaligen Botanischen Garten auf dem Gelände des heutigen Kleistparks in Schöneberg in gespannter Erwartung aussäte. Was aus der Erde sproß, wurde gleichfalls auf Herbarblätter gebracht oder in Büchern mit höchster Genauigkeit prachtvoll abgebildet.

Alexander von Humboldt (1769–1859) gehörte zu den emsigsten Lieferanten. Er war ein Schüler vom

Riesenzapfen.
Frucht eines
Palmfarnes in
Alkohol

Direktor des Botanischen Gartens von 1801 bis 1812, C. L. Willdenow, der Tausende getrocknete Pflanzen aus fernen Kontinenten zusammentrug. Seine Sammlung bildet den Grundstock des weltbekannten Herbars im Botanischen Museum an der Königin-Luise-Straße 6–8 in Dahlem. »Sie ist unser Heiligtum«, sagt der Professor und nimmt ein dickes Buch zur Hand. Eingebunden in Pergament. Kräuter auf jeder Seite, wie gestern präpariert. Doch dieses Buch-Herbar stammt aus dem Jahre 1660.

Die Flora der Welt im Trockenzustand. Das Gedächtnis der Botanik. »Hortus siccus«, Trockener Garten, sagen die Experten dazu oder schlicht »Heuhaufen«, wie einst Adelbert von Chamisso, Kustos des Herbars in Berlin bis 1838. Ein Fundus, dessen ältere Stücke die Geschichte der botanischen Wissenschaft erzählen und Geschichten von Berlinern, die sie auf ihren Forschungsreisen mit Leidenschaft betrieben. Georg Schweinfurth gehörte dazu. Mitte des 19. Jahrhunderts durchquerte er Afrika. Der Führer zeigt auf einen Pflanzenstrang. »Diese Liane brachte Schweinfurth aus dem Urwald mit.«

Expedition in die Schatzkammern des Botanischen Museums, die ansonsten nur für Wissenschaftler geöffnet sind. Herbar, Bibliothek, in Alkohol konservierte

Blättern im
Herbarium

Pflanzen – allein das historische Material umfaßt mehr
als zwei Millionen Stücke und ist noch längst nicht vollständig aufgearbeitet. Doch jährlich kommen bis zu
25.000 neue Fundstücke hinzu. Die Museumsexperten
beantworten Anfragen aus aller Welt, häufig zu alten
Beständen, denn Exemplare von anno dazumal dienen
bis heute als Vorbilder zum Pflanzenvergleich und deren
Bestimmung.

Zum Beispiel jene Wildtomate auf einem Herbarblatt
der Willdenow-Sammlung aus dem Jahre 1802. Eine
Urmutter unserer heutigen Tomatenpflanze. Der Reise-
gefährte Humboldts, Aimé Bonpland, hat sie von Mexiko
nach Berlin geschickt. Ihr Same wurde in Schöneberg in
die Erde gebracht, ihr Aussehen von einem Maler der
Berliner Porzellanmanufaktur mit feinsten Strichen ver-
ewigt: Sein Tomatenporträt schmückt die Tafel 27 eines
Buchjuwels, »Hortus Berolinensis«, herausgegeben von
C. L. Willdenow. Professor Walter Lack hat es griffbereit.

Für solche Schätze öffnet er seinen grauen Regal-
schrank an anderer Stelle. Botanische Literatur der ersten Stunde. Humboldts Werke komplett, »bemalte Gär-

ten«, Horbus pictus, wie die Aquarelle und Drucke genannt wurden. Borretsch in Dürerblau und die erste Darstellung einer Maispflanze im Kräuterbuch des Leonhart Fuchs, 1550. Oder Alpenveilchen im bischöflichen Buch »Der Garten von Eichstädt«. Solche Importpflanzen waren lebendige Juwelen, mit denen sich die Reichen schmückten, und eine Sensation für die Wissenschaft. Also hielt man sie im Bilde fest wie auch den Flieder. Im 17. Jahrhundert waren seine zarten Blüten noch weitgehend unbekannt, erstmals gezeigt wurden sie im Kräuterbuch des Kaiserlichen Leibarztes Matthioli von 1626. »Solche Dinge«, sagt Lack und blättert einzelne Seiten auf, »kommen bei Sotheby & Co. alle zehn Jahre unter den Hammer.«

Die Künstler, die sie anfertigten, näherten sich mit Papier, Farbtöpfchen, Graphitstift und Pinsel der Botanik. Betraten sie einen neuen Kontinent, fühlten sie sich wie im Wunderland, umgeben von unbekannten Pflanzen und Tieren. Hier durften sie keine Stunde verlieren. Deshalb arbeiteten die naturkundlichen Zeichner im Gefolge der Forschungsreisenden wie trunken. Zum Beispiel Sydney Parkinson während der ersten Cookschen Weltumsegelung von 1768 bis 1771. Seine Bilder wurden in London gedruckt, in handverlesener Auflage. Heute liegen sie in einem fensterlosen Raum im Museum. Der Professor öffnet eine flache Schachtel, so groß, daß man sie kaum unter den Arm klemmen kann, und bringt Australiens Flora ans Licht. Blatt für Blatt. Eine Fülle von Farben.

In der »Alkoholsammlung« gibt es hingegen eher bleiche Gewächse. Auch sie ist im Sicherheitsschrank verborgen, doch in anderen Räumen des Museums. Ein Druck auf den roten Knopf, es klirrt und scheppert, wenn die Regale auseinanderfahren. Zehntausende Gläser und Flaschen, klein wie Flakons, groß wie Vasen, mit Lack versiegelt, mit Sütterlin beschriftet, im 19. Jahrhundert nach Berlin geschickt, zum Beispiel aus den früheren Kolonialgebieten in Ostafrika. Der Professor hält ein Glas ins Licht. Ein Dickblattgewächs aus der Nubischen Wüste, in Alkohol konserviert. Auch dieses

Exemplar hat der Afrikaforscher Georg August Schweinfurth vor mehr als 130 Jahren an die Spree gebracht.

Kaum ein Glas ohne Geschichte. Sogar Algen wurden
schon Ende des vergangenen Jahrhunderts gesammelt.
Bis vor einigen Jahren standen einige dieser Fläschchen
recht versteckt im Regal, bis sie die Algen-Expertin Re-
gine Jahn entdeckte und den Inhalt unterm Elektronenmikroskop bestimmte. Walther Goetze habe sie am Ma-
lawisee gesammelt, stand auf dem Etikett. Ein junger
Berliner Botaniker. 1898 startete er zur Expedition,
1899 starb er am Schwarzwasserfieber. In der kurzen
Zeit, die ihm blieb, hat er so viele Schätze nach Berlin
gesandt, wie andere Forscher in vielen Jahren. Sogar
Baströckchen der Eingeborenen und Sonnenhüte aus
verschiedenen Fasern.

Nun muß sich die Expedition im Museumskeller ein
wenig sputen. Treppen, Flure. Rechts die weltgrößte
Farn-, links eine Palmensammlung. Holzige Wedel an
Kleiderbügeln im Schrank, Nüsse in Schubladen. Hier
geht selbst Professor Walter Lack selten hindurch, ohne
das eine oder andere neugierig auszupacken.

Gruppen von maximal 20 Personen werden nach Vereinbarung in die wissenschaftlichen Sammlungen des Botanischen Museums im Botanischen Garten in Dahlem geführt.
Auch die wahrscheinlich bedeutendste botanische Fach-
bibliothek im deutschsprachigen Raum kann besichtigt werden. Ein Rundgang kostet 36 Euro pro Stunde, unabhängig
von der Teilnehmerzahl. Informationen gibt es unter
☎ 838–501 33 oder – 501 00.
Übrigens: Der Botanische Garten bietet auch Führungen
durch seine Schauhäuser und Außenanlagen an, sie lassen
sich gut mit einem Blick hinter die Museumskulissen verbinden. Einige Spaziergänge mit wechselnden Themen finden
sich auf der Website unter www.botanischer-garten-berlin.de,
man kann aber auch Führungen frei absprechen. Auf Wunsch
werden besondere Interessen wie Arznei- oder Nutzpflanzen
berücksichtigt.

NICHTS GEHT ÜBER BÄRENMARKE

Dem Berliner Wappentier auf den Pelz gerückt

Geburtstagsrummel wäre so ziemlich das allerletzte, was sich die Europäische Braunbärin Petzi im Berliner Zoo zum Jahresbeginn wünscht. Einen vier Meter langen Gang hat sie in den Untergrund ihres Freigeheges gebuddelt. Der Eingang sieht aus wie ein kleiner Bombentrichter, und am Ende liegt sie in ihrer Höhle und schnarcht, daß man es sogar draußen ein wenig hört. Petzi hält Winterruhe – während sich ihre Artgenossen Thilo, Schnute und Maxi im Bärenzwinger am Köllnischen Park in Mitte über ihre Geburtstagtorte hermachen. Denn sie sind allesamt an Januartagen geboren, und das wird traditionell vor TV-Kameras mit Bärenpartys gefeiert. Danach ziehen sich Thilo, Schnute und Maxi in ihren fußbodenbeheizten Stall zurück.

So unterschiedlich leben Berlins Wappentiere in der Stadt. Schließlich hat der überschaubare Bestand von »ursus arctos«, des Europäischen Braunbären, an der Spree eine klare Hierarchie. In Mitte, gleich hinter dem Märkischen Museum, residiert das leibhaftige Symboltier: der dreizehnjährige »Stadtbär Thilo« mit seinem kleinen Harem. Im Zoologischen Garten gibt es ein weiteres, nicht ganz so prominentes Trio – die Weibchen Petzi und Siddy und der Bärenmann Bernie. Und am Haupteingang des Tierparks Friedrichsfelde wohnt im »Bärenschaufenster« das siebte Exemplar. Es wirkt allerdings wie ein Außenseiter: Bärin Kata ist nicht schokoladenbraun, sondern albinoweiß.

Doch was braucht ein Bär zum Glücklichsein? Halten die Berliner ihr Bärenvölkchen artgerecht, so daß es munter daherkommt wie der Bär auf dem Wappen? Und welche Lebensart ist diesen Tieren recht?

Seit 15 Jahren
zusammen:
Thomas Dörf-
lein ...

Thomas Dörflein müßte es wissen. Seit 15 Jahren kümmert er sich um die drei im Zoo und erzählt, daß jeder ein Eigenbrötler ist. Tierpfleger Dörflein, ein Mittdreißiger mit Schaftstiefeln und grünem Overall, steht in einer riesigen Grotte im Inneren des 1929 errichteten Bärenfelsens. Durch Höhleneingänge kriechen die Tiere vom Außengehege herein. Hier finden sie in ihren Käfigen einen geschützten Platz, falls sie sich zurückziehen wollen. Dörflein streicht sich über den Bart und sagt: »Bären sind so nett und sanft wie die Flußpferde.« Außerdem extrem neugierig, schlau, schreckhaft, verschlafen und von Bärenhunger getrieben, weshalb sie in der Natur täglich bis zu 70 Kilometer auf der Suche nach Beeren, Wurzeln, Fischen oder anderer Beute umherziehen. Bären fressen wie Hunde nahezu alles. Im Zoo serviert ihnen Dörflein morgens eine warme Hafersuppe.

Und Bären sind auch streichelbedürftig. Man sollte sie aber nicht hätscheln, denn bei einem 350 Kilogramm schweren und zwei Meter großen Tier kann einen schon ein spielerischer Tatzenschlag das Leben kosten. Außerdem will Dörflein sie nicht zu Kuscheltieren herabwürdigen und hält sein Trio auch deshalb auf Distanz. Liebkost wird durch die Gitter. Ansonsten bemüht er sich, Petzi, Siddy und Bernie viel zu beschäftigen. »Das«, sagt er, »ist am allerwichtigsten.«

... und Bären-
freundin Siddy

Es sei denn, sie verbringen wie Petzi ein paar Wochen in einer selbstgebuddelten Schlafhöhle. »Dann ist sie wohl der zufriedenste Bär von Berlin«, vermutet ihr Pfleger. Obwohl Braunbären ja nur Winterruhe halten, also öfter dösen, nur einen statt vier Fische am Tag fressen und seltener umhertrotteln. Doch irgendwann haben die meisten Lust, sich einzugraben. Das geht in Berlin aber nur im Zoo. Thomas Dörflein ist zwar nicht begeistert, weil er die Löcher am Ende wieder zuschippen muss, aber er gönnt Petzi das Vergnügen im metertiefen Sand. In Mitte und Friedrichsfelde können sich die Tiere im eher felsigen Grund nur eine Grube graben – und brauchen folglich noch mehr Unterhaltung.

Aber wie beschäftigt man einen Bären? Da haben alle Pfleger ein ähnliches Animationsprogramm. Sie streichen Honig auf die Felsspitzen, schließlich ist jeder Bär ein Süßmaul; sie hängen frisches Laub in die Kletterstämme – oder Stücke vom Rinderpansen. Streuen Trauben in den Wassergraben, weil »ursus arctos« gerne planscht. Servieren das Futter mal früh, mal spät, zwecks Abwechslung. Und einige ihrer Bemühungen erinnern an Kindergeburtstage: mit Luftballons zum Haschen und Bettlaken, in denen sich so ein Zotteltier gerne verwickelt. Hauptsache, es passiert was Neues.

Doch manche Fachleute sehen das alles mit Skepsis.

Zum Beispiel Uwe Lagemann, Chef des Bärenparks Worbis in Thüringen. Dort läßt die Aktion »Bärenhilfswerk« zwölf Braunbären freien Lauf. »Gerettet« aus Zirkuskäfigen, leben sie hier auf immerhin vier Hektar Wald und Wiese. »Viel besser als in den kleinen Zoogehegen«, sagt Lagemann. Wer Tiere in Obhut habe, müsse allen ein Erlebnis bieten – den Bären und ihren Besuchern. »Die Zeit des Ausstellens ist vorbei.«

Tierpfleger Thomas Dörflein im Zoo ist der gleichen Ansicht. Auch er sähe seine Braunbären lieber in der freien Natur, doch andererseits sind seine Schützlinge ja alle in Zoos geboren. Wenn Petzis spitze Ohren aus dem Untergrund auftauchen und sie ihr breites Hinterteil nachzieht, dann wird sie zuallererst das vertraute Laublager im Bärenfelsen aufsuchen, prophezeit Dörflein – und glaubt nicht, daß sie sich langweilt: »Die Bären haben hier doch fast alles – sogar Sex.«

Stöbern im Sondermagazin des Zentrums für Berlin-Studien

Einmal in den Bärenfelsen hineinschauen – auch das ist bei einem Spaziergang hinter die Kulissen des Zoologischen Gartens möglich. Dann erzählt der Tierpfleger von seinen zotteligen Schützlingen, während diese vielleicht gerade im Stroh ihres Käfigs schnarchen. Doch bei einer solchen besonderen Zooführung lernt man noch viele andere Tiere ungewöhnlich nahe kennen. Nashörner, Elefanten, Antilopen ... oder tropische Vögel? Besondere Wünsche werden nach Möglichkeit gerne berücksichtigt. Anmeldungen für eineinhalbstündige Rundgänge nimmt der Zoo unter ☎ 25 40 10 entgegen. Pro Person kostet das Abenteuer 18 Euro. Im Internet: www.zoo-berlin.de.
Den Bären im Tierpark Friedrichsfelde und am Köllnischen Park kann man nicht derart nah auf den Pelz rücken. Der Tierpark veranstaltet aber gleichfalls Gruppenführungen, dabei geht es hinter die Kulissen vieler anderer Gehege – entweder thematisch zu festen Terminen oder nach Vereinbarung. Kontakt: ☎ 51 53 10, im Internet: www.tierpark-berlin.de.

SCHATZSUCHE IM MAGAZIN

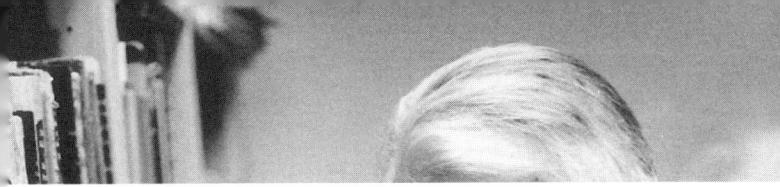

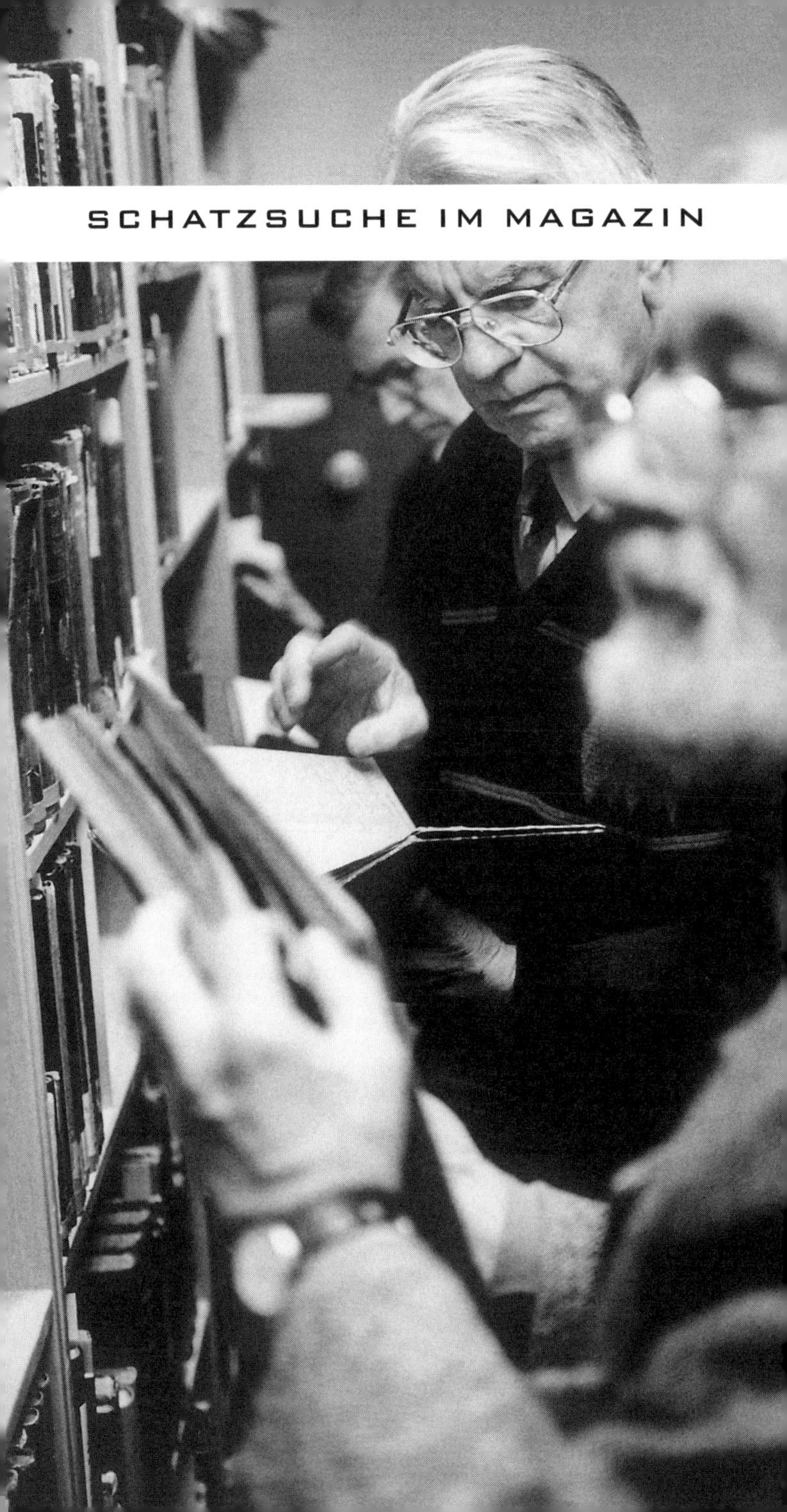

ZILLE, REVOLUTIONÄRE UND 5-UHR-DAMEN

Bücherlust im Zentrum für Berlin-Studien

Nein, der Blick in Peter Borchardts große Kommode mit den Plakaten entschuldigt keine Schreibfehler, aber er bringt ein wenig Erleichterung. Borchardt zieht die oberste Schublade auf, dann kramt er einen Augenblick und holt einen Maueranschlag heraus. Ernst Theodor Amandus Litfass, der Erfinder der Litfaßsäule, hat ihn anno 1848 im Auftrag von Märzrevolutionären in Lettern gesetzt. »Schnellpressen-Druck E. Litfass, Adlerstraße 6« steht darunter, aber gleich in der vierten Zeile fällt ein klassischer Verschreiber auf: »Voklsversammlungen«. »Na also«, sagt der Bibliotheksdirektor mit einem Blick auf die aktuelle Tagespresse, »schon damals haben sich die Journalisten und Drucker hin und wieder vertan, wenn sie in Eile waren.«

Die breite Kommode für Plakate und Karten ist Teil einer bedeutenden Sammlung zu den Ereignissen der Märzrevolution in Berlin. Sie steht im Ribbeckhaus an der Breiten Straße 35/36 in Mitte, hinter dessen viergiebeliger Renaissancefassade einst der kurfürstliche Hofbeamte Hans-Georg von Ribbeck wohnte. Seit März 1996 ist dieses Haus die erste Adresse für gedruckte Berolinensien, es beherbergt das »Zentrum für Berlin-Studien« – eine Berlin-Bibliothek mit nahezu allen Veröffentlichungen, die jemals über die Stadt erschienen sind und aktuell erscheinen:

Bücher selbst aus den Anfängen der Schwarzen Kunst, historische Tagesblätter und Zeitschriften, vom Kladderadatsch über die Vossische Zeitung bis zur Berliner Illustrierten, im Original und auf Mikrofilm, oder eine Sammlung von Zeitungsausschnitten. Sie reicht bis in die Anfänge des 20. Jahrhunderts zurück.

Vieles gehört zur öffentlichen Präsenzbibliothek, es soll für jedermann greifbar sein. Doch seit im Ribbeck-haus die Berlin-Abteilungen der Amerika-Gedenk-Bibliothek im Westen und der Stadtbibliothek im Osten vereinigt wurden, gibt es dort auch Kabinette und ein Sondermagazin mit Schätzen wie einem Familienalbum, das Werner von Siemens für seine Frau drucken ließ, oder Plakaten des Vormärz, zu denen man nicht so ohne weiteres vordringen kann.

Außer nach Voranmeldung oder als Besuchergruppe. Dann flackert im Revolutionskabinett der »Krieg der Flugschriften und Maueranschläge« wieder auf. Was der Graf von Brandenburg seinem Volk am 15. Mai 1849 zurief, gedruckt in der Geheimen Oberhofbuchdruckerei, wird verlesen: »Unter dem Vorwand der Deutschen Sa-che haben die Feinde des Vaterlandes die Fahne der Empörung aufgepflanzt ...« Und wie sich sogar die Toten auf dem Friedhof der Märzgefallenen im Friedrichshain an die Überlebenden der Revolutionskämpfe wandten und gegen die Restauration wetterten, zeigt ein anderes Plakat. »Warnung!« steht groß im Titel. Unterschrift: »Die Deputierten der Entschlafenen im Friedrichshain«.

Nebenan ein kleiner Raum. Das Postkartenkabinett. Baumblüte in Britz, fünfziger Jahre, koloriert, als wolle Berlin die Tropenparadiese übertrumpfen. Weihnachts-markt am Lustgarten, dreißiger Jahre; Sessellift im neu-geschaffenen Hansaviertel in Tiergarten (1957/58). Mit ihm kann man über die »Stadt von morgen« schweben. Mehr als 12.000 solcher Bildergrüße aus Berlin sind hier zusammengekommen.

Aber der Führer bittet erneut in einen Nachbarraum. Die Stadt auf Karten. Berlin 1750 mit den Dörfern Wil-mersdorf und Schöneberg. Berlin 1836: Noch ist der Windmühlenhügel im heutigen Prenzlauer Berg nicht besiedelt. Berlin 1920, erstmals handlich gefaltet. Auf-schrift: »Berlin in der Tasche«. Ein Stadtplan des Ullstein-Verlages, der jahrzehntelang in ähnlicher Aufmachung die Berliner begleitet hat. In diesem Raum entwickelt sich die Stadt noch einmal im Zeitraffer. Peter Borchardt spricht über frühe Versuche, Berlin aus der Vogelschau

zu zeigen, über die »gewandelte Ästhetik der Stadtkarte« und die Zerstörungen des Krieges. Eine räumlich gezeichnete Karte von 1957 zeigt eindrücklich die Bombenschäden. Rund um den Ernst-Reuter-Platz gab es noch viele Freiflächen.

Zille im Original – z. B. die »Zwanglosen Geschichten«

Dann dreht Borchardt den Schlüssel in der Tür zum Sondermagazin. Ein schweres Buch, in Pergament gebunden. Die »Hochzeits-, Kindtaufen-, Begräbnis- und Trauer-Kleiderordnung« von 1740. Einige Jahre später erscheint ein Berliner Adreßbuch. Vorne Hofstaat und Oberkriegs-Kollegium, ganz hinten Hebammen und Künstler. Nebenan im Regal komplette Jahrgänge alter Wochenschriften, »Berliner Punsch«, »Berliner Pfennig-Blätter«, »Der Bär« – bereits 1848 beklagt ein solches Journal »den Verfall der Berliner Bühnen«.

Doch auch der Niedergang des Sittenlebens wurde in Veröffentlichungen über Kaschemmen, schwere Jungs und das Leben im Zwielicht zwischen Spree und Havel im 19. Jahrhundert beschrieben. Borchardt greift zu einem Bändchen von 1791: »Anweisungen, wie man eines Entsprungenen habhaft wird«. Daneben ein ledergebundenes Buch von 1873: »Eine Nacht in der Berliner Verbrecherwelt«. Siebzig Jahre zuvor erschien Joseph Alois Mercys Buch »Berlinische Nächte«. Es schildert soziale Hintergründe von Gaunerei und Verbrechen, nimmt den Leser mit zu »unterhaltenden Mädchen«, zu »Glücksrittern« oder den »Schlafenden Unter den Linden, die auf hölzernen Bänken ruhen, der gestirnte Himmel ist ihre Decke, die Verachtung der Vorübergehenden ihr Nachtgebet«.

Im Regal darunter ein »Führer durch das lasterhafte Berlin« im späten Kaiserreich, zu Nachtbadeanstalten, im Volksmund »Nutten-Aquarium«, zu 5-Uhr-Damen und Stadtteilen im Osten, über die ein Reporter der Vossischen Zeitung noch 1929 schrieb: »Hinter der Jannowitzbrücke beginnt das, was der Bürger als Unterwelt bezeichnet.« Ausgeleuchtet hat diese Welt auch der Berliner Schriftsteller Hans Ostwald (1873–1940) in seinen »Großstadtdokumenten« aus den zwanziger Jahren, eine Schriftenreihe, teils von Kriminalkommissaren oder Juristen verfaßt, über »Dunkle Winkel«, »Die Zuhälter Berlins«, »Das Falschspielertum« oder »Gerichtsszenen«. Es war allerdings nicht der erste Versuch, die kriminelle Szene zu gliedern und auf dem Papier ein wenig in Ordnung zu bringen. 1847 erschien das Werk »Die Diebe in Berlin« von Kammergerichtsreferendar C.W. Zimmermann. Eine Untersuchung ihrer Tricks, ihrer Sprache, Herkunft und ein erstes Vorbeugebuch mit Tips, wie man sich gegen Diebstahl schützen kann. Auch die Flucht der berühmten Diebin Francisca Braun mit einem Salto mortale übers Zuchthaus-Gitter ist darin beschrieben.

Und Zille? Mit seinem Zeichenstift hat auch er vor keiner dunklen Nische haltgemacht. Ehrensache, daß im Ribbeckhaus Heinrich Zille im Original aufbewahrt wird. »Zwanglose Geschichten und Bilder« heißt ein solcher Schatz aus dem Werk des Künstlers. Zu seiner Zeit gehörte der Band mit handkolorierten Lithographien dem kunstsinnigen Sammler und Vertreter des Landes

Bremen in Berlin, Heinrich Hirschberg. Der hatte ihn von Zille erworben. Später verschwand seine Vorzugsausgabe in anderen privaten Sammlungen und tauchte erst im Frühjahr 1997 im Katalog eines Auktionshauses wieder auf. Für rund 12.000DM ersteigerte sie das Zentrum für Berlin-Studien und entdeckte eine originelle Widmung im Umschlag. Ende Oktober 1921 hatte Zille seinem Gönner das Buch geschickt, handsigniert und mit der Bitte »um gütige Nach- und Durchsicht« versehen – »Ihr alter H. Zille«.

In die Sondermagazine des Zentrums für Berlin-Studien werden Gruppen nach Absprache geführt, das bedeutet: Interessenschwerpunkte lassen sich berücksichtigen. Weitere Informationen sind im Zentrum an der Breiten Straße 35/36, 10178 Berlin, unter ☎ 902 26–419 oder –479 (Fax –452) erhältlich. An jedem letzten Sonnabend des Monats gibt es zudem eine Führung durch die benachbarte Zentral- und Landesbibliothek (Haus Berliner Stadtbibliothek), in deren Verlauf auch das Zentrum für Berlin-Studien kurz besucht wird (Anmeldung unter ☎ 902 26–334). Im Internet: www.zlb.de; hier gibt es Links (unter »Projekte«) zu Sammlungen des Zentrums für Berlin-Studien – beispielsweise zur Revolution von 1848.

DAS NOTIZBUCH DER TRESORKNACKER

Spannende Berlin-Geschichte im Landesarchiv

Vermutlich hat ein Kriminalbeamter das Kuvert in die Mappe geheftet.»Tapetenschnitzel« schrieb er auf den Umschlag und darunter den Grund, weshalb die Papierfetzen mit dem verschossenen Blau, die er hineinschob, als Corpus delicti galten. Zwei Einbrecher hatten damit in der Wand ihres Wohnzimmers ein Loch überklebt und dahinter Schmuck versteckt. 1938 standen sie in Berlin vor Gericht. Eine Menge Prozeßakten kamen zusammen, verpackt in drei Kartons, die Sabine Preuß nur einzeln schleppen kann. Sie blättert in den Stapeln und zieht ein abgegriffenes Notizbuch hervor. Tresorskizzen, der Grundriß einer Bank, irgendwo zwei gekritzelte Namen. Franz und Erich.»Das Buch hat den berühmtesten Geldschrankknackern von Berlin gehört«, sagt die Archivamtsrätin,»Franz und Erich Sass.« Sie machten Ende der zwanziger Jahre Schlagzeilen.

Originale der Prozeßgeschichte aus dem Landesarchiv Berlin. Ein Backsteingebäude aus den Anfängen des 20. Jahrhunderts am Eichborndamm 115–121 in Reinickendorf mit einem gewaltigen Fassungsvermögen. Einst war es eine Munitionsfabrik, nun wird hier der unerschöpfliche Fundus des Archivs mit Dokumenten aus dem öffentlichen Leben Berlins vom Mittelalter bis in die Neuzeit aufbewahrt und ständig aktuell erweitert.

Die Sammelleidenschaft begann im 14. Jahrhundert, als der Berliner und Köllner Rat festlegten, alle wichtigen Schriftstücke im gemeinsamen Rathaus aufzuheben. Erst lagerten sie in einem hölzernen Bottich, später in einem roten eisernen Kasten auf dem Registraturboden – heute sind viele auf Mikrofilm übertragen. Rund 70 Mitarbeiter kümmern sich um den Bestand.

Die Prozeß-
akte des
Hauptmanns
von Köpenick

Sie sammeln und ordnen nach dem Landesarchivge-
setz geschichtliches Material aus Berlin sowie alles Gedruckte, was Parlamente, Regierungsstellen, Behörden,
Theater und andere Einrichtungen herausgeben, die von
Stadt und Land unterhalten werden. Senatsbeschlüsse,
Urkunden, Anträge und Protokolle aus Abgeordneten-
haus und Bezirksverordnetenversammlungen; Bühnen-
plakate, Entnazifizierungsakten oder Unterlagen der
Oberfinanzdirektion Berlin, nach denen sich heute Interessenten erkundigen, weil sie zur Regelung offener
Vermögensfragen unerläßlich sind.

Zwei Etagen hat das Haus und schier endlose La-
gerräume – dennoch wird laufend aussortiert. Der Platz
ist nicht üppig für ein solches Spektrum, zumal es etliche
Sonderbestände gibt: für Ausreiseanträge von DDR-
Bürgern, die in Ost-Berliner Bezirken bearbeitet wurden
und heute ein wichtiges Zeugnis jüngerer deutscher Geschichte sind, vor allem durch ihre Begründungen. Für
das Archiv der Deutschen Reichsbahn, für rund 100.000

Berliner Stadtkarten- und Pläne, auf denen man die Entwicklung eines jeden Viertels minutiös verfolgen kann. Für Vereins-, Parteien- und Firmengeschichte, historische Fotos, Siegel und Wappen, Nachlässe bekannter Persönlichkeiten, Sammlungen zur Frauenforschung oder von lokalen Zeitungen und Zeitschriften vom ersten Erscheinungstag an. Schließlich für Bauunterlagen von mehr als 100.000 Häusern, die seit der Mitte des 18. Jahrhunderts in Berlin abgerissen wurden – als Zeugnis einer verschwundenen Stadt. Wer die Geschichte und die Beschaffenheit eines Baugrundes in Erfahrung bringen will, findet hier wichtige Informationen. Außerdem wird in Reinickendorf das Bild-, Film- und Tonarchiv der Berliner Landesbildstelle aufbewahrt.

Und dann gibt es noch die Bestände für die Justizverwaltung, für Gerichtsprozesse und das Polizeipräsidium Berlin. Sabine Preuß sucht angestrengt im Regal.»Hier«, sie zieht eine Mappe,»die hat schon Carl Zuckmayer studiert, bevor er sein Stück ›Der Hauptmann von Köpenick‹ schrieb.« Alles Unterlagen zur Verhandlung vor der III. Strafkammer des Königlichen Landgerichts gegen den Schuhmacher Friedrich Wilhelm Voigt aus dem Jahre 1906. Zum Beispiel das Protokoll eines Belastungszeugen. Schon lange vor der Tat habe der Angeklagte geäußert, er brauche nur ein paar Soldaten und könne damit Geschäfte machen.

In der Abteilung für Prozeßakten ist jeder Ordner ein Griff in die Berlin-Geschichte. Zweite Etage, rechts im Schrank: ein Packen Papier von 1921. Verfahren gegen Mitglieder des Freikorps-Trupps, der Rosa Luxemburg ermordete. Daneben ein Bestechungsskandal von 1929. Fast die gesamte Politprominenz der Stadt war darin verstrickt. Es ging um die Gebrüder Sklarek. Sie hatten ihrer Textilfirma ein Liefermonopol für städtische Uniformaufträge gesichert. Sogar der damalige Oberbürgermeister Gustav Böss mußte sich für eine Pelzjacke aus dem Hause Sklarek rechtfertigen, die er billig erworben hatte. Seine Begründung steht im Gerichtsprotokoll.»Meine Frau«, hob er an,»ist von zarter Gesundheit und kälteempfindlich.«

2,8 MILLIONEN MELDEKONTEN
IN HÖLZERNEN KÄSTEN

Sabine Preuß drängt zum Aufbruch, sie will zu Hunderten von Holzkästen mit Berlins alter Meldekartei, und es empfiehlt sich, ihr aufmerksam zu folgen. Es gibt in diesem Gebäude zu viele Treppen, Flure und jede Menge Türen, um nicht die Orientierung zu verlieren. Aber vor allem: viele Versuchungen.

Linker Hand biographische Nachlässe. Ernst Reuter komplett bis zu seinen sieben Baskenmützen, Otto Suhr, Buchhändler Friedrich Nicolai (1733–1811) oder Berlins »Insulaner« – der Kabarettist Günter Neumann. Rechter Hand die Unternehmensgeschichte von Borsig, Umfang: 60 laufende Meter. Zwischendurch das Schreiben der alliierten Stadtkommandanten vom 2. Oktober 1990, mit dem sie ihre Verantwortung für Berlin abgaben. Oder Material zum Widerstand im Dritten Reich. Und vier Regale Adressenverzeichnisse aus 200 Jahren. Auf Mikrofilm passen sie in eine kleine Kommode im Lesesaal. Eine junge Frau sitzt davor am Projektionsschirm. Sie sucht ihre Vorfahren in der zerbombten Frankfurter Allee.

Ankunft im Reich der hölzernen Kästen. Darin werden über 2,8 Millionen abgeschlossene Meldekarten verwahrt, die Berlins Einwohnermeldebehörde in den 70er Jahren aussortiert hat. Wenn die Archivare suchen und sichten und manchem Schicksal in den Kartenstapeln auf die Spur kommen, arbeiten sie so hartnäckig wie Kripo-Leute. Dann laufen sie ständig hin und her in den Gängen aus übereinandergestapelten Karteiboxen. Die Geburtszeiten der ältesten registrierten Berliner reichen bis 1840 zurück, die jüngsten Karten vermelden Sterbedaten und Wegzüge aus dem Jahre 1960. Familienforscher nutzen die Kartei, Ämter oder Anwälte bei Erbschafts- und Vermögensfragen. Mehr als 3000 Auskünfte gibt das Landesarchiv im Jahr.

Bis Feierabend muß das Archivteam noch die Schöneberger Vorfahren einer Familie in Wuppertal suchen. Deshalb führt jetzt Sabine Preuß wieder Regie. Nächste Station: die Theatergeschichtliche Sammlung. Hier wer-

Herr der
Kästen. Ein
Archivar in der
Meldekartei

den Premieren erfaßt und Programmhefte gesammelt,
und es gibt ein paar Schubladen, die sie mit Vergnügen
aufzieht, weil ihr Inhalt zeigt, wie sich die Berliner einst
amüsierten. Königliches Nationaltheater, anno 1792. Es
gab »DIE RÄUBER, ein Trauerspiel von Herrn Schiller. Erster Rang 16 Groschen«, verkündet ein Programmzettel.
Die Archivarin zieht solche Blätter vom Stapel, hält Melo-
dramen in der Hand und romantisch-komische Gemälde
wie »Goldteufel. Ein Abenteuer unter den Aussiedlern in
Texas«. Und manches Beispiel aus der Theaterzensur.

Das war eine Abteilung beim Polizeipräsidenten, die
mit Wachsstiften in Textbüchern herumstrich. Rund
16.000 solcher Dokumente gibt es in der »Theaterzen-
sur-Sammlung« des Archivs. Es durfte niemand zur späten Kaiserzeit das Wort »Ehebrecherin« gebrauchen
oder Gotteslästerliches schreiben. Und kein »Unter-
hemdchen« erwähnen wie Carl Sternheim in seiner
Komödie »Der Snob«. »Genehmigt mit Änderung auf
Seite 95« steht auf dem Umschlag. Statt Hemdchen ver-
langt der Zensor altertümliches Deutsch: »Untertaille«.

ILLUSTRIERTE IM JUNGBRUNNEN

Die Zeitschrift wirkt kläglich. Blatt für Blatt hat Anja Winkel sie auseinandergenommen und ins warme Wasser gelegt. Jede Seite vier Stunden lang. Blanke Zerstörung? Keineswegs. Das ist ein Rettungsversuch. Die junge Frau arbeitet in der Restaurierungswerkstatt des Landesarchivs und bewahrt kulturhistorische Dokumente vor dem Verfall – mit hochgekrempelten Ärmeln, reichem Fachwissen und Genauigkeit. So breitet sie die Blätter zwischen flachen Plastiksieben im Wasser aus. »Moderne Illustrierte Zeitschrift« steht auf dem Titelblatt und darüber: »Die Woche« – erschienen am 1. März 1899.

Als es die Restauratorin in die Hände bekam, hätte jeder Laie dieses seltene Exemplar für verloren gehalten: brüchiges Papier, schimmelige Ecken. Doch der Pilz wurde mit Gas bekämpft, das Bad soll nun wie ein Jungbrunnen wirken und die mangelnde Festigkeit stärken. »Papier quillt auf, dabei verschlingen sich die gelockerten Fasern wieder«, erklärt Anja Winkel. Danach müssen die Seiten allerdings ins Trockenregal. Und dann gibt es noch zwei weitere wichtige Arbeitsgänge. Jedes Blatt wird hauchdünn mit einem Leimfilm besprüht und anschließend glatt gepreßt. Verfall gestoppt. Neu geheftet kehrt »Die Woche« in den Fundus zurück. Doch nun ein Blick auf Bärbel Mißlers Arbeitstisch. Die zweite Restauratorin hat gerade mit Knitterfalten, Papierrissen und abgegriffenen Seitenkanten zu tun, typisch für Akten, die durch viele Hände gingen. Vor ihr liegt ein historisch wertvoller Hefter der Deputation für die städtischen Park-, Garten- und Baumanlagen von 1872. Komplett zerlegt, damit sie jede Seite einzeln rundum erneuern kann.

Hilfreich sind dabei Streifen aus Seiden- und Japanpapier. Sie werden mit Leim eingestrichen, um faserige, schmutzige Kanten geklebt und verbinden sich so perfekt mit dem alten Papier, daß es danach vor jedem Abteilungschef bestehen würde. Akkurat, sauber und ohne jeden Übergang vollkommen glatt. Jetzt muß Bärbel

Mißler noch die »preußische Fadenheftung« bewältigen, eine kniffelige Verknotungstechnik, mit der Aktenlagen zusammengebunden waren und dadurch als sicher galten. Man konnte ihnen ein unliebsames Blatt nur schwer entreißen. Doch Bärbel Mißler hat jeden Knoten an Vorbildern studiert und verschlingt die Fäden inzwischen wie die Buchbinder im Kaiserreich.

Diesen Beruf hat sie einst gelernt und sich zur Restauratorin weitergebildet. Geduld braucht sie dafür und Liebe zu heiklen Basteleien, denn viele Dokumente erfordern tagelange Handarbeit. Wenn Bärbel Mißler allerdings an den Archivfundus denkt, verliert sie manchmal die Gelassenheit und spricht von Tausenden Büchern, Akten, Periodika und Landkarten, die reparaturbedürftig sind – gefährdet durch Papierzerfall oder den Gebrauch im Lesesaal.

Wie sollen die zwei Restauratorinnen und eine Halbtagskollegin das jemals schaffen?

Führungen durch das Landesarchiv Berlin können unter ☎ 90264–0 oder –239 vereinbart werden. Sie sind nur für Gruppen mit maximal zwanzig Teilnehmern möglich. Besondere Interessen werden gerne berücksichtigt. Wer Dokumente des Landesarchivs in Ruhe studieren will, kann diese Dienstag bis Donnerstag (9–18 Uhr) und Freitag (9–15 Uhr) im Lesesaal einsehen. Auch Bild- und Tondokumente können dort genutzt werden. Im Internet: www.landesarchiv-berlin.de.

DIE DDR
IN BILD UND TON

Im Fundus des Rundfunk- und Fernseharchivs

Ein schmaler Gang, rechter Hand einige tausend Boxen aus Kunststoff in hohen Regalen. Links das gleiche Bild bis unter die Decke. Der Inhalt der Kästen riecht ein wenig nach Antiquariat und es ist so still, als wäre der Lauf der Zeit an diesem Ort unterbrochen. Deckel werden abgenommen und Etiketten studiert – die Gäste sind neugierig. Dann spricht ein Mitarbeiter des Deutschen Rundfunk- und Fernseharchivs in der Medienstadt Babelsberg. »Sie stehen gerade zwischen 5 Millionen Kontaktabzügen und 2,3 Millionen Negativen«, sagt er. »Allesamt Motive aus früheren DDR-Fernsehproduktionen – von »Polizeinotruf« bis zum »Kessel Buntes«.

So beginnt eine Zeitreise ins Rundfunk- und Fernseherbe der DDR. Die Tour führt kreuz und quer durch ein lichtes, offenes Gebäude aus viel Glas, Metall und Ziegeln, dessen Grundstein 1999 im Auftrag der Arbeitsgemeinschaft der öffentlich-rechtlichen Rundfunkanstalten (ARD) gelegt wurde. Seit Frühjahr 2001 ist dieses einladende Haus in Betrieb, und seine Architektur gilt inzwischen als Symbol für den Freimut, mit dem Deutschlands einstige Teilung im Medienbereich aufgearbeitet wird. Deshalb das großzügige Atrium mit seinen Galerien, zu denen die Treppe scheinbar schwerelos hinaufsteigt. Hier gibt es keine langen Behördenflure, man tritt vom Büro aus auf die Galerie. Hier geht es darum, Dinge sicht- und verfügbar zu machen.

Beispielsweise die mehr als 100.000 TV-Sendungen des einstigen ostdeutschen Staates. Oder rund 300.000 Musik- und 100.000 Worttonträger mit Kunst, Unterhaltung, Information und Agitation aus den DDR-Radioprogrammen. Das alles wird in Babelsberg aufbewahrt.

Alle Sand-
mann-Sendun-
gen – in 14.000
Büchsen

»Wir haben nahezu das komplette Radio- und Fernseh-
programm der DDR von ihren Gründungstagen an«,
sagt Peter-Paul Schneider, der Chef des Deutschen
Rundfunk- und Fernseharchivs. Seit 1992 sichern und
katalogisieren dessen Mitarbeiter den Bestand, aber sie
sind noch längst nicht fertig. Jahrelang arbeiteten sie in
zwei Gebäuden der einstigen DDR-Fernsehanstalten
auf dem Gelände des Medienzentrums Adlershof. 2001
zogen sie dann mit allen Schätzen nach Babelsberg um,
darunter rund 7000 Hörspiele, die ältesten Produktio-
nen stammen von 1946/47. Oder Mitschnitte aus den
Berliner Stadtverordnetenversammlungen der Nach-
kriegsjahre.

Auch Manuskripte lagern im Archiv, rund 60.000. Ein
Besucher greift ins Regal und entdeckt das »Polizeiruf«-
Protokoll vom Juli 1988. Es geht um Mord. Die Darstellung des Verbrechens wurde zuvor mit der Volkspolizei
genauestens besprochen. »Kehlkopf zerquetscht, unbedingt streichen«, steht da mit roter Tinte. Eine solche Ver-
letzung sei bei Würgen unüblich. Ganz in der Nähe lagert
die Manuskriptsammlung der Aktuellen Kamera seit
1952. Und das Papier, mit dem sich Karl-Eduard von
Schnitzler am 30. Oktober 1989 in seiner 1519. Sendung
vom Publikum des Schwarzen Kanals verabschiedete:
»Der Klassenkampf geht weiter.«

Die Sendung selbst überspielt man im Archiv wie alle TV-Beiträge auf moderne Filmtrager. Im Studio laufen Honeckers Neujahrsempfänge und die einstige Unterhaltungssendung »Spielspaß« zugleich über die Monitore. Kiloschwere Magnetbänder der ersten Generation liegen in einer Ecke. Jeder Beitrag wird zu guter Letzt im Archivcomputer registriert. So wächst ein Service, den inzwischen viele Radio- und TV-Stationen nutzen.

Der NDR wünscht für eine Landwirtschaftssendung einen Spot der Aktuellen Kamera von 1986 über eine Milchviehanlage in Steinhagen, der Hessische Rundfunk (HR) will die einstige »Hansi Biebl«-Band aus den frühen achtziger Jahren der DDR live. Doch auch Museen, Vereine, Studenten, Wissenschaftler oder Lehrer bitten häufig um Material und zahlen zwischen 30 und 90 Euro für eine Kopie. Kindergärtnerinnen fragen nach alten Sandmännchen-Aufnahmen aus der lückenlos vorhandenen knapp vierzigjährigen Geschichte des »Gute Nacht«-Freundes, Privatleute wollen sich die Szene einer bunten TV-Show besorgen, bei der sie in der vierten Reihe saßen und sich durch heftiges Winken bemerkbar machten.

Und wer historische Bonbons aus der Geschichte des Fernsehens sucht, wird gleichfalls fündig. »Verehrte Fernsehfreunde! Das Staatliche Rundfunkkomitee, Fernsehzentrum Berlin, eröffnet sein offizielles Versuchsprogramm.« So begann Margit Schaumäker am Sonntag, den 21. Dezember 1952 die erste Ansage der TV-Testläufe in der DDR. »Von heute ab wird Abend für Abend der Bildschirm Ihres Empfängers aufleuchten – für zwei Stunden kommt das Leben unserer Republik, aber auch das Leben ferner Länder, über den Äther in Ihr Heim und in den Kulturraum Ihres Betriebes.« Josef Stalin hatte an diesem Tag Geburtstag, weshalb die Gesänge »Freundschaft der Völker« aus den etwa 250 Fernsehapparaten tönten, die damals im Lande vorhanden waren.

Oft wird auch nach Radiodokumenten gefragt. Das sind akustische Geschichtsstunden: Orchesteraufnahmen vom Bachfestival 1950 in Leipzig, Bert Brecht während einer Probe am Berliner Ensemble zum »Kau-

kasischen Kreidekreis«, 1954. Sie war ein wenig chao-
tisch, weshalb sich der Dichter beklagt: »Hört mir überhaupt jemand zu?«

Nahezu alle wichtigen Musikveranstaltungen der
DDR sind in Babelsberg vorhanden, außerdem Bänder
mit 138.000 musikalischen Studioproduktionen, mit
Sportreportagen, Auslandssendungen von Radio Berlin
International (RBI) – und 36.000 Einzelgeräusche:
Vogelgezwitscher, Militärmusik, Stimmengewirr in den
Pariser Markthallen, Kehrmaschinen am Alex oder Jubel
über die siegreichen Sowjetsoldaten. Dieses Archiv für
besondere Laute oder Geräuschkulissen ist bis heute ei-
nes der größten und originellsten Europas.

Szenenwechsel. Wieder ein langer Gang. Rechts und
links hohe Regale mit Filmrollen in Blechbüchsen. Es ist
kalt wie im Kühlschrank, denn Filmmaterialien mögen
auf Dauer keine Wärme. »Sie befinden sich gerade zwischen allen Sandmann-Sendungen – mehr als 14.000
Büchsen«, sagt ein Mitarbeiter des TV-Archivs. Nebenan
gibt es die Tagesschau des West-Fernsehens komplett.
Sorgfältig wurde sie vom DDR-Fernsehfunk aufge-
zeichnet, während man in der Bundesrepublik gleichfalls
alle Ost-Sendungen mitschnitt. Nach der Wende hat sich
das ausgezahlt: Verlorengegangene Sendungen aus der
jeweils eigenen Produktion wurden im Archiv des »Geg-
ners« gefunden und zusammengebracht.

Die Mitarbeiter des Deutschen Rundfunk- und Fernseharchivs führen Gruppen mit maximal 15 bis 20 Teilnehmern
durch ihre Bestände. Besondere Interessen werden gerne
berücksichtigt. Spannend ist dort auch eine umfangreiche
Sammlung historischer Radios und Fernseher. Es handelt
sich um die Besitztümer des einstigen Rundfunkmuseums
unterm Berliner Funkturm, das bisher keine neue Bleibe
gefunden hat. Deshalb brachte man dessen technische
Schätze vorübergehend nach Babelsberg. Das Archiv an der
Marlene-Dietrich-Allee 20 in 14482 Potsdam-Babelsberg
nimmt Anmeldungen unter ☎ 0331 / 58 12–103 entgegen.
Im Internet: www.dra.de.

»HERRLICH, SO VIELE BÜCHER!«

In den Magazinen der Staatsbibliothek

Ja, so ähnlich muß es gewesen sein, als Ali Baba den unermeßlichen Schatz der 40 Räuber erstmals erblickte.
Eine Frau streicht zärtlich über Buchrücken, dann breitet sie die Arme aus, dreht sich einmal rundherum im
schmalen Gang des Magazins und braucht keinen glit-
zernden Reichtum, um sich im siebten Himmel zu fühlen:
»Herrlich, so viele Bücher!« Zu Hunderttausenden stehen sie hier, Wände aus bedrucktem Papier, ein verfüh-
rerisches Labyrinth. Manche, die hier eine Führung erleben, gehen beim Blättern und Studieren beinahe
verloren, würden sie nicht Mitarbeiter der Neuen Staatsbibliothek auf den rechten Weg zurückbringen.
  »Universale Menschheitsgeschichte«, »Jahrbuch der
Hohenzollern 1906«, Hegel, Tucholsky – »Wanderungen
durch die Steiermark«. Mancher gäbe viel dafür, würde
man ihn nur eine Nacht lang in den Buchmagazinen
einschließen. Einmal grenzenlos nach alten Baedekern
kramen und sich kreuz und quer durch die »Stabi« blättern – jenen riesigen Bau von Hans Scharoun an der
Potsdamer Straße 33 in Tiergarten.
  Rund fünf Millionen Bücher werden hier aufbewahrt.
Stünden die Bände aneinandergereiht, »müßten Sie
mehr als 150 Kilometer daran vorbeimarschieren«, sagt
ein Sprecher der Bibliothek. Und ständig kommen neue
hinzu. Die Tiefgaragen wurden bereits in Magazine verwandelt, und im Westhafen hat man ein Lagerhaus an-
gemietet. Nun stehen die Bücher aber nicht nur im Regal,
sie werden auch ständig im Hause hin und her trans-
portiert. Denn täglich leiht die Bibliothek rund 3000
Bücher aus. Würde ein Exemplar danach falsch einsor-
tiert, es wäre vermutlich ein für allemal verschwunden.

Deshalb hat die Stabi ein logistisches Herzstück – die »Kastenförderzentrale«. Mitarbeiter wuchten hier graue Plastikkästen, packen Bücherstapel hinein und sortieren sie um, stellen die Fracht auf Förderbänder und schicken sie in alle Richtungen los – zu Lesesälen, Magazinen, Buchausgaben. Ein weitverzweigtes Streckennetz, 2400 Meter lang, 74 Stationen, 70 Weichen und ein Nummerncode für jedes Ziel, der unterwegs automatisch abgetastet wird. Das Schema aller Wege hängt an der Wand, es könnte der Gleisplan einer Eisenbahnanlage sein.

Doch Papier zerfällt. Man könnte ausrechnen, wann in der Stabi nur mehr Brösel liegen. Ein konstantes Raumklima bremst diesen Prozeß. 22 Grad und 50 Prozent Luftfeuchtigkeit sind Bestwerte und werden von einer gewaltigen Klimaanlage eingehalten. Man spaziert durch sie wie durch eine Fabrikanlage. Manche jahrhundertealte Bücher kann aber auch diese Technik nicht retten. Für sie sind die Papierrestauratoren im Hause zuständig. Sie wissen, wie Naturfarben im frühen Mittelalter hergestellt wurden und wie empfindlich sie heute sind. »Erst legte man eine Kupferplatte in Urin und dann in einen Misthaufen, bis sie grün oxydierte«, erklärt Chefrestaurator Ernst Bartelt. Aber solche Farben und alten Papiere vertragen keine Helligkeit. »Schon eine Glühbirne schadet«, sagt Bartelt. »Wenn Sie diese Papiere sechs Wochen lang in einer Ausstellung anstrahlen, altern sie um sieben bis elf Jahre.«

Schätze aus Papier

Zwei Kellertreppen führen zur Schatzkammer des Professors. Die Tresortüre schwingt auf, die Klimaanlage surrt, zögernd bittet Thilo Brandis seinen Gast, ihm zu folgen: schmale Gänge, alte Bücher, alles zweite oder dritte Hand. Doch nun greift der Chef der Handschriftenabteilung der neuen Staatsbibliothek in ein Stahlregal und zieht ein kleines, in Pappe gebundenes Büchlein hervor. Wörter aus dem Gänsekiel. »Das hier«, sagt der Professor für Alte Germanistik, »hat Johann Wolfgang

Am besten
mit Leiter. Das
Magazin der
Staatsbiblio-
thek

von Goethe geschrieben.« Dann legt er die Reinschrift
der Walpurgisnachtszene aus Faust I auf den Plastiktisch.

Staatsbibliothek, gleicher Nachmittag, zweites Bild:
Wieder geht es die Kellertreppen hinunter, diesmal im
Gefolge des Indologen Dr. Hartmut-Ortwin Feistel. Langer Gang, Neonlicht. Der stellvertretende Chef des
Handschriftenmagazins für Orientalistik sagt: »Moment
mal, jetzt schließe ich die Stahltüre auf.« Dann verschwindet er in einem hinteren Raum und kehrt mit einer Schatulle zurück. Filigran bemalte und beschriftete
Blätter: Das Jahangir-Album. Eine Seite greift er wahl-
los heraus. Alltagsszenen aus dem Leben eines indi-
schen Mogul-Kaisers, 16. Jahrhundert. »Dieses Blatt«,
sagt Feistel, ist drei Millionen Mark wert. Jedes andere
ebenfalls.«

Geheimer Ort Neue Staatsbibliothek. So tief in ihren
behüteten Fundus dringen nur wenige Besucher vor.
Kleine alarmgesicherte Räume, in einem steht Gerhart
Hauptmanns Privatbibliothek mit vielen handschrift-
lichen Notizen. Sie gehört zu Berlins weltberühmter au-
tographischer Sammlung mit 17.000 abendländischen
Handschriften, 4800 Drucken aus der Frühzeit der
Schwarzen Kunst und 840 Nachlässen, darunter (seit
1994) das Archiv des Aufbau-Verlages mit Zeugnissen
der DDR-Literatur.

Kostbar und
filigran: ein
Schatz aus der
Orientalistik-
Sammlung

Professor Thilo Brandis hat Schaustücke parat. Eine Bibel mit Buchstaben, so tadellos scharf wie im heutigen Buchdruck. Johannes Gutenberg hat sie 1455 in Mainz gefertigt. »Es gibt nur zwanzig Exemplare, unsere gehört zu den schönsten«, sagt Brandis und gebraucht gleich den nächsten Superlativ. »Vor Ihnen liegt die einzige Handschrift des Nibelungenliedes.« Nun beugt sich der Professor über ein Schulheft des elfjährigen Fontane. »Da, die Bemerkung unter dem Deutschdiktat.« Brandis trägt vor: »Das habe ich alleine geschrieben. Ich, Theodor Fontane. Das könnt Ihr mir glauben. Ich bin ein ehrlicher Neuruppiner.«

Gewiß, die British Library hält den ersten Platz. Ihre Orientalistik-Sammlung gilt als die größte der Welt. Doch an zweiter Stelle steht die Neue Staatsbibliothek mit rund 40.000 Handschriftenbänden und Prunkstücken früherer Sammler. Beispielsweise von Sir Robert Chambers, der im 18. Jahrhundert zum Oberrichter von Bengalen berufen wurde und leidenschaftlich elfenbeingebundene Bücher zusammentrug. Oder hebräische Gebete des Herzogs von Backford. Er sammelte sie ebenso emsig wie Pergamentrollen aus der Welt von 1001 Nacht. Der preußische Staat hat ihre Schätze später für die Staatsbibliothek gekauft.

So kam Poesie auf Birkenrinde nach Berlin, füllten

sich die Regale mit Koran-Suren, buddhistischen Schriften, mit Sanskrit der Brahmanen. Auch einen Zauberkalender aus Sumatra oder ein Buch aus Palmblättern kann Feistel vorführen. »Manche Stücke sind einfach wundervoll erhalten«, schwärmt der Indologe. Nur für wissenschaftliche Studien und Ausstellungen holt er sie aus dem Regal. Ansonsten gilt: wenig Licht, viel Ruhe.

Führungen durch die Staatsbibliothek an der Potsdamer Straße haben verschiedene Schwerpunkte. Das Standardprogramm umfaßt Tips zur Benutzung des Buch- und Medienbestandes oder Besichtigungsführungen zur Geschichte, Architektur und zu den Aufgaben des Hauses. Wer diese Rundgänge erweitern und hinter die Kulissen der Ausleihe oder zu den Restauratoren vordringen will, braucht Geduld: Das ist auf Anfrage nur in Ausnahmefällen und nach längeren Wartezeiten möglich. Ein Blick in die wertvollen Sammlungen wird aus Sicherheitsgründen ausschließlich Wissenschaftlern und anderen besonders legitimierten Besuchern gestattet. Exponate aus diesen »heiligen Räumen« zeigt die Bibliothek aber hin und wieder in Sonderausstellungen.

Übrigens: Auch die Staatsbibliothek Unter den Linden hat in ihren Magazinen spannende Geheimnisse. Dort gibt es eine Musikabteilung mit Originalpartituren bedeutender Komponisten, eine umfangreiche Kartenabteilung, deren älteste Stücke aus dem 15. Jahrhundert stammen, oder eine Abteilung für Kinder- und Jugendbücher mit Originalbänden aus den vergangenen 400 Jahren.

Besichtigungsführungen veranstaltet die Bibliothek Unter den Linden an jedem ersten Sonnabend, an der Potsdamer Straße an jedem dritten Sonnabend im Monat – jeweils ab 10.30 Uhr. Sie dauern zwei Stunden, sind gratis und erfordern keine Anmeldung. Gruppenführungen, andere Termine und besondere Wünsche müssen vereinbart werden.

☎ 266–14 32. Im Internet: www.staatsbibliothek-berlin.de.

Maßarbeit. Diesen Tresor schweißten Berlins berühmteste Geldknacker, die Brüder Franz und Erich Sass, in den zwanziger Jahren auf.

AUSSTIEG IN DIE FINSTERNIS

Auf den Spuren von Gaunerei und Verbrechen

Die Nacht schwarz wie Kohle, die Luft vom Regen feucht und der Weg so einsam, daß jeder Ast, der im Grunewald knackt, an streunende Wildschweine erinnert: Fünfzig Menschen ziehen zu Berlins ungewöhnlichster Begräbnisstätte. Es ist 21 Uhr und manchem nicht recht geheuer, als die gemauerte Pforte erscheint. Taschenlampen schneiden sie aus dem Dunkel, Licht zittert auf Kreuzen – das ist der »Selbstmörderfriedhof«. Rendezvous für eine schwarze Messe? Keine Sorge. Diesen Besuch hat das Friedhofsamt offiziell genehmigt. Stadthistoriker Carl-Peter Steinmann ist mit abenteuerlustigen Berlinern auf den Spuren von Gaunerei, Verbrechen und Gruselgeschichten unterwegs. Eine Bustour mit Ausstiegen in die Finsternis wie an der Havelchaussee oder am einstigen Zellengefängnis in Moabit.

Steinmann ist Experte für die Kriminalgeschichte der Stadt – ein weites Terrain: Seit Berlin im 19. Jahrhundert schier grenzenlos wuchs, stellte es auch mit seiner kriminellen Bevölkerung Rekorde auf. Nirgendwo gab es mehr Hochstapler, Räuber, Galgenvögel, brutale Verbrecher und andere Erscheinungen des Ganoventums. Sie sind ein Teil der Stadt, aber sie wurden von den Geschichtsschreibern häufig vergessen, obwohl ihre Taten und ihre Biographien das soziale und politische Leben in hartem Licht spiegeln. Doch seit einigen Jahren gerät Berlins Kriminalgeschichte zunehmend ins Blickfeld – von entsetzlichen Raubzügen zu Anfang des 19. Jahrhunderts, als Zeitgenossen klagten: »Verbrechen schießen wucherlich hervor«, bis zu den Tunnelgangstern von Schlachtensee.

Nachts auf
dem Selbst-
mörderfriedhof
in Grunewald

TATORT-TOUR INS GRÜNE

Auch Max Pruschkes grausiges Ende gehört dazu. Das
ist eine der ersten Geschichten, die Carl-Peter Steinmann erzählt, wenn er nachts unterwegs ist. Dann ver-
sammelt er die Teilnehmer seiner Tatort-Tour an Pruschkes Grab auf dem Friedhof im Grunewald. 1989 wurde
der Reitstallbesitzer von unbekannten Tätern umge-
bracht. Danach zündeten sie die Ställe an, Pferde rasten
über die nahe Avus, die Republikaner sprachen von einem Anschlag, denn Pruschke war einer der ihren. Bis
heute wurde kein Täter gefaßt.

Die Geschichte des »Friedhofs Grunewald-Forst« beginnt nach der Oktoberrevolution. Mehr als 100.000
Exil-Russen lebten in Charlottenburg, doch etliche kamen
hier nicht zurecht. Lebensmüde stürzten sich in die Havel, ihre Leichen wurden an die Halbinsel Schildhorn getrieben und nicht weit davon wild beerdigt. Deshalb der
Name »Selbstmörderfriedhof«. In den zwanziger Jahren
wurde der Schandacker amtlich genehmigt, auch Ver-

brechensopfer kamen hier unter die Erde oder exzentri-
sche Persönlichkeiten wie Nico, die Sängerin der Kult-
band Velvet Underground.

21.30 Uhr, Zeit zur Umkehr. Wieder im Bus, läßt Steinmann am Wannseebadweg halten. »Hier entdeckte ein
Taxifahrer 1938 einen ermordeten Kollegen.« Dessen
Wagen stand am Bordstein, die Türen offen, neben der
Leiche im Gebüsch lag ein vom Täter vergessener Re-
genmantel mit einem Flicken an der Schulter. »Dieser
Fall«, sagt Steinmann, »löste die erste Fernsehfahndung
aus.« Obwohl es damals noch kaum private TV-Geräte
gab, sondern nur öffentliche Fernsehstuben in Zigaret-
tenläden oder Kinos. Dennoch wurde das Beweisstück
gesendet. Mit Erfolg: Es kam ein heißer Tip. Der Täter
wurde gefaßt.

Wenn Steinmann erzählt, bewahrt er Distanz zum
Verbrechen und läßt sich doch mit Genuß hinab in die
Klüfte der Menschenseele. Requisiten des Schauders
gehören dazu oder pfiffige Fälle, ausgedacht von Tätern
mit Sinn für Perfektion und nimmermüdem Fleiß, denen
Steinmann gewissen Respekt zollt. So viel Zuneigung
erlaubt der 55jährige aus Zehlendorf sich selbst und seinem Publikum, zumal ihn die Kleinsten des dunklen Ge-
werbes oft am stärksten interessieren. Gewelltes weißes
Haar, schlanke Figur und ein Auftritt wie ein Empfangs-
chef – dieser Mann hätte auch als Hochstapler Otto
Witte oder eine jener anderen Figuren Erfolg, die ihre
Tatpläne mit ebensoviel Akribie ausgearbeitet haben,
wie er selbst Kriminalfälle der vergangenen 150 Jahre
recherchiert.

Manche liegen gar nicht so lange zurück. Zum Beispiel
der Skandal um den falschen Chirurgen im Krankenhaus
Moabit (1959) oder die Raffinesse des falschen Rich-
ters Josef Franke in Mitte. Von 1946 bis 1965 fällte er
rund 7000 Urteile, bevor auffiel, daß er niemals Jura studiert hatte. Schlechte Dienste hat er Justitia aber offenbar nicht erwiesen, kein Spruch aus seinem Munde ist
revidiert worden.

Noch jüngeren Datums ist die Geschichte der letzten
Ruhe unterm Kirschbaum in Lichterfelde. Dort hatte ein

Sohn seine Mutter, die 1986 im 81. Lebensjahr eines natürlichen Todes starb, heimlich im Garten begraben – aber der Pensionsstelle ihr Ableben nicht mitgeteilt. Er selbst wohnte schon lange mit der alten Frau im selben Einfamilienhaus, weshalb es ihm gelang, ihre Abwesenheit zu vertuschen. Vier Jahre kassierte er nun ihre Rente – bis er selbst bei einem Unfall ums Leben kam und die Polizei seine Mutter vom Tod des Sohnes unterrichten wollte. Erst Spürhunde fanden ihre Überreste unterm Kirschbaum.

Mordtrupp für den Hellseher

Andere Fälle geben Einblick in die politische Kulisse ihrer Zeit. Ein solcher ereignete sich im Dritten Reich im Gloria-Gebäude am Ku'damm. Steinmann weist zum Dachgeschoß. »Dort oben, in einer Luxuswohnung, lebte der Hellseher Eric Jan Hanussen.« Er war berühmt in den dreißiger Jahren und hatte Kalkül. Vermutlich, um sich abzusichern, hielt er freundschaftliche Kontakte zu hochgestellten Nazis, doch sie nützten ihm nichts: Nachdem er bei einem Auftritt apokalyptisch in die Zukunft geschaut hatte, weil er den Krieg offenbar ahnte, besuchte ihn ein Mordtrupp.

Fünf Fahrtminuten braucht die Hanussen-Rückschau, dann beginnt in der Giesebrechtstraße 11 die nächste Geschichte. Altbau, zweiter Stock, Balkon mit Windrad und Blumen. Heute schaut ein Kind über die Brüstung, doch damals wirkten die braunen Machthaber auch hier inkognito. »Das war der Salon Kitty«, sagt Steinmann. Eines der elegantesten Freudenhäuser, betrieben von der Gestapo. Agentinnen sollten ausländische Gesandtschaften im Bett aushorchen, zusätzlich wurden alle Gespräche in den Keller übertragen und dort abgehört.

Zwei Kehren, eine Ampel – das nächste, seinerzeit stadtbekannte Stundenhotel. Die einstige »Pension Clausewitz« des Bordell-Königs Hans Helmcke in der Clausewitzstraße. Der hatte schon eine Karriere als Schwarzhändler und Erbschleicher hinter sich, nun verdiente er in den Sechzigern viel Geld und spazierte mit

Havanna und Bodyguard durch Berlin. Doch 1973 wurde
Hans Helmcke von Mördern erdrosselt. Sie erbeuteten
1200 Mark.

Eine mickrige Summe, verglichen mit jenem Geld, das
Berlins begabtesten Tresorknackern in die Hände fiel.
Zuvorderst die Gebrüder Sass in den zwanziger Jahren,
deren Wirken für Steinmanns Tour oft den roten Faden
vorgibt. Jahrelang lieferten sich die Ganoven aus der
Moabiter Birkenstraße 57 ein Wettrennen mit der Kripo,
verblüfften mit dreisten, intelligent geplanten Coups, haben aber nie einem Menschen ein Haar gekrümmt. Das
machte sie populär. 1934 wurden sie verhaftet, 1940 von
der SS erschossen.

Disconto-Gesellschaft am Wittenbergplatz, Ort ihres
Meisterstückes, heute werden dort Möbel verkauft. Die
Reichsbahndirektion am Gleisdreieck, wo sie nächtelang
den Geldschrank anbohrten. Luisenfriedhof Charlottenburg, Stätte ihres unterirdischen Geheimlagers. Schließlich die Pizzeria im Eck Alt-Moabit/Werftstraße, früher
eine Filiale der Deutschen Bank mit einem Tresor, an
dem sich Franz und Erich Sass erstmals als Panzerknacker ausprobierten.

Überall Spuren der Brüder. Ihre Branche war auch
später rege und läßt Steinmann viele Variationsmög-
lichkeiten. Er kann zum Beispiel am Kaufhaus an der
Wilmersdorfer Straße halten. Hier waren die »Hertie-
Knacker« im Mai 1965 am Zuge. Günter Peschel und
Udo Herndl hatten ein Wochenende Zeit für den Tresor
des Warenpalastes. Sie holten sich Campingmöbel und
Lebensmittel aus dem Kaufhaus und machten es sich
während der Arbeit bequem. Schließlich erbeuteten sie
rund 470.000 Mark Lohngelder, gingen aber wenig später der Kripo ins Netz.

Oder der Bus stoppt an der früheren Reichsbahn-
kasse Unter den Linden/Ecke Charlottenstraße. Dort
scheuten acht Panzerknacker in der Nachkriegszeit keinen Aufwand. Sie nannten sich »Sparverein Chicago«
und brauchten fünf Jahre zum Erfolg. Sie mieteten ein
Büro im Haus samt Keller, um sich von dort an den Tresor heranzuarbeiten; sie warteten die Währungsreform

ab und meißelten elf Monate lang eine massive Beton-
decke auf, jede Nacht ging es einen Zentimeter voran.
Danach griffen sie zu und flüchteten mit 1,7 Millionen
Mark.

Geradezu ein Spaziergang war dagegen der Coup eines ausgekochten Duos, das 1982 in den Rohrpost-
schacht des Europa-Centers kletterte und dort Geld-
bomben mit den Einnahmen der Spielbank abfing. Daß
im Tresorraum nichts ankam, fiel erst auf, als die beiden
Gauner längst getürmt waren. Einen solchen Ort zeigt
Steinmann im Vorbeifahren, wie andere Führer den Berliner Dom. Bei ihm erinnert das Haus Johann-Georg-/
Ecke Westfälische Straße in Wilmersdorf an den Bi-
bliomanen Friedrich Bernotat, der in den zwanziger Jahren zwanghaft Bücher kaufte, seine Sucht mit Brüchen
finanzierte und überhaupt ein gewiefter Kerl war, weil er
immer wieder entwischte. Mit Steinmann gerät auch ein
Abstecher zur Commerzbank an der Breisgauer Straße
in Schlachtensee zur kriminalistischen Retrospektive –
diesmal auf die Tunnelgangster von 1995, deren Buddelei noch mehr Eindruck macht angesichts des langen
Trottoirs, unter dem sie sich durchkämpften.

Und sogar die Gedächtniskirche ist ein Tatort. Eines
Morgens im Sommer 1971 war der Minutenzeiger der
Turmuhr verschwunden. Ein Diebstahl hoch im Gemäuer
der Ruine. Zwei Meter mißt der Zeiger, 60 Kilo ist er
schwer – ein beachtliches Gaunerstück. Die Täter
kletterten nachts unbemerkt zum Zifferblatt hinauf,
schraubten ihre Beute ab, brachten sie zu Boden und
wollten bei alledem offenbar nur ihren Spaß haben.
Wenig später wurde der Zeiger unversehrt unter Gebüsch im Tiergarten gefunden und wieder in 50 Metern
Höhe montiert. Allerdings ohne Klettertour, das schien
den Monteuren zu gefährlich. Für sie wurde ein Gerüst
aufgestellt.

Carl-Peter Steinmann erzählt diesen Streich mit einem
Vergnügen in der Stimme, als wolle er seinen Zuhörern
einen Aperitif vor schwerer Kost anbieten – wie der Geschichte des Massenmörders Großmann in Friedrichshain oder Berlins letzter öffentlicher Hinrichtung am

2. März 1837 am heutigen Gartenplatz in Wedding. Aufs Rad geflochten wurde die 42jährige Henriette Meyer, weil sie ihren Mann ermordet hatte. Zwölf Jahre später hätte man sie vielleicht im 1848 gebauten Zellengefängnis in Moabit vor weniger Zuschauern hingerichtet. Das lag an der Lehrter Straße und wurde 1957 abgerissen. Nur drei Backsteinhäuser sind geblieben, in denen das Zuchthauspersonal wohnte – und ein kleiner Friedhof. Der war gleichfalls für die Aufpasser reserviert, liegt verwunschen zwischen Kleingärten und gehört um Mitternacht zu Steinmanns liebsten Ausstiegen in die Finsternis. In dieser Haftanstalt hatte sich die Justiz eine ungewöhnliche Methode ausgedacht, um Kontakte unter Gefangenen zu unterbinden. »Stellen Sie sich eine Basecap mit einem sehr langen und breiten Schirm vor. Er läßt nur den Blick auf einen Quadratmeter Boden frei. So ein Ding mußten sie beim Hofgang tragen«, sagt der Tatort-Mann und blickt auf die Uhr.

Sein Zeitplan ist streng. Wie viele Minuten bleiben für den König von Albanien oder Anastasia, die falsche Zarentochter, bis der Bus nach vier Stunden zurückkehrt? Und auch ein Schlußwort muß sein. Es ist immer dasselbe: »Nachahmung ausgeschlossen.«

Strenge Geometrie. Blick in einen Innenhof des Quartiers 205 von Oswald Mathias Ungers

Wer eine Tatort-Tour bei Tage oder nachts erleben will, muß eine Gruppe interessierter Teilnehmer zusammenbringen. Danach kann er mit Carl-Peter Steinmann den Verlauf der Rundfahrt absprechen, besondere Wünsche werden gerne berücksichtigt. Je nach Größe der Gruppe chartert Steinmann auf Anfrage einen Bus mit ausreichenden Sitzplätzen. Übrigens: Der Stadthistoriker hat auch eine Busrundfahrt »durchs schaurige Berlin« im Angebot sowie eine weitere spannende Abendtour mit dem Titel: »Henker, Hexen, Heimlichkeiten. Zu Fuß durch Mitte auf den Spuren von Märchen, Sagen und wahren Geschichten«. Diese Führungen sind auch für Kinder eine tolle Sache. Kontakt: Krottnaurerstraße 46, 14129 Berlin, ☎ 803 66 90, E-mail: cpsteinmann@web.de.

HINTER NEUEN FASSADEN

BESUCH IM REICH DER QUADRATE

Dem Quartier 205 aufs Dach gestiegen

Zuerst nennt der Hausmeister die Zahlen: Mehr als dreißig Geschäfte, sechsunddreißig Wohnungen, und eine
Menge Büros auf insgesamt 52.000 Quadratmetern,
das sind sieben Fußballfelder. Bis zu 8000 Menschen
halten sich in diesem Gebäude gleichzeitig auf, das so
viel gekostet hat wie rund 600 hochwertige Eigenheime.
Nun hält der Lift – einer von dreißig des Quartiers 205
(»Q 205«) im Karree zwischen Friedrichstraße, Mohren-
und Charlottenstraße – und trägt die Besucher sanft in
die Höhe.

Endstation: Flachdach. Blick auf den Gendarmenmarkt aus einem Winkel, für den Fotografen Schlange
stehen. Jacketts flattern im Wind. Auf der anderen Seite,
tief unter der Brüstung, die Innenhöfe des Quartiers.
Passanten bewegen sich auf Rolltreppen unter dem Glas-
dach des Atriums. Doch dies ist keine Aussichtsplatt-
form, sondern ein Platz für Techniker. Sechs Würfel ragen aus dem Dach. Im Inneren Maschinen und Rohre.
»Das hier«, sagt ein Hausmanager und klopft auf einen
riesigen Luftkanal, »gehört zur Ausrüstung vieler Neu-
bauten, die in Berlin zur Zeit entstehen.« Und dann nennt
er den Fachbegriff: Treppenhausdruckhaltung.

Den Namen hat die Feuerwehr geprägt, denn in Gebäuden ab 21 Metern Höhe müssen die Treppenhäuser
ein absolut sicherer Fluchtweg sein. Bricht ein Brand
aus, pumpen Ventilatoren mit hohem Druck Außenluft
zu den Stiegen. Qualm und Flammen werden zurückge-
drängt.

Sicherheitsstandards, Vollklimatisierung, Kühlsysteme,
Wasseraufbereitung, Command-Center – wenn die
Hausmeister des südlichen Blocks der Friedrichstadt-

Dachspazier-
gang über den
Gendarmen-
markt Passagen ihr Reich auf verborgenen Wegen durchqueren, verlieren Begleiter im Labyrinth der Technik schnell
die Orientierung. Treppen, Flure, wieder ein Lift und noch
eine Tür. So lernt man einen der neugebauten Berliner
Riesen von seiner Rückseite kennen.

Normalerweise beginnt der Einkaufsbummel im »Q
205« unter der Glaskuppel des Atriums zwischen Kaf-
feehäusern, Geschenk-Boutiquen, Modeläden und antiken Möbeln. Als das 270-Millionen-Mark-Bauwerk
des amerikanischen Projektentwicklers Tishman Speyer
Anfang 1996 eröffnet wurde, zogen die Geschäfte nur
zögerlich in den Lichthof des Atriums ein. Die Berliner
brauchten gleichfalls Zeit, sich an neue Wege zu gewöh-
nen. Doch inzwischen ist das Quartier tagsüber lebendig
geworden, ebenso wie die gesamten FriedrichstadtPassagen: im Norden das Quartier 207 mit der Glasfassade
des Pariser Architekten Jean Nouvel, Domizil der Gale-
ries Lafayette. Im Mittelteil das Quartier 206, Herzstück
aus schwarz-weißem Marmor, nachts ein Glanzpunkt
durch seine Lichtbänder, ein Werk des New Yorker Archi-
tektenbüros Pei, Cobb, Freed & Partners. Und schließlich

das Quartier 205 des Kölner Stararchitekten Oswald Mathias Ungers, dessen Fassaden wie gewaltige Quadratmuster aus der Straße aufsteigen. Glastüren führen ins Atrium mit der zehn Meter hohen Plastik des US-Künstlers John Chamberlain aus gepreßten Autowracks. Sie ragt über zwei Einkaufsebenen hinaus. An ihrem Sockel beginnt die unterirdische Ladenzeile, die alle Gebäude der FriedrichstadtPassagen verbindet.

Als Ungers den Riesenwürfel 1991/92 entwarf, brachte der »Herr der Quadrate« seine bevorzugte Geometrie so konsequent wie im Berliner Familiengericht am Halleschen Ufer und in anderen seiner Gebäude zur Geltung: von den Fenstern und Kalksteinplatten außen bis zum Kästchenmuster an Aufzugswänden.

Sachte bremst der Lift in der zweiten Etage. Besuch im Command-Center. Das ist die Leitstelle für die gesamte Technik des Einkaufsbereiches und der vielen Büroetagen. Lämpchen, Bildschirme, Mikros und ein ganzes Pult für die Feuersicherheit. Das neunstöckige Gebäude läßt sich im Notfall auf Knopfdruck mit Schotten in der Quere teilen. Rolltüren schließen hermetisch und halten Flammen und Rauch mindestens neunzig Minuten stand. Steigt die Temperatur in einem Raum über 68 Grad Celsius, platzen zudem die gläsernen Verschlußröhrchen der Sprinklerventile an seiner Decke. »Wasser Marsch«. Zweiundfünfzig Liter in der Minute ergießen sich auf den Zimmerbrand. Der Hausmanager führt seine Gäste vor ein stattliches Wasserbassin. Das ist kein Swimmingpool, sondern die Sprinkleranlage mit 118.000 Litern.

Reise in die Tiefe des Gebäudes, zwei Etagen unter dem Asphalt. »Acht Meter über uns liegt die Friedrichstraße«, sagt der Führer. Im Schacht nebenan rumpelt die U-Bahn. Röhren und Kabel sind hier verflochten, kilometerlang für Gas, Strom, Heizung, Belüftung. Wie lange mußten die Ingenieure tüfteln, bis das alles zueinanderpaßte? Und welcher Aufwand wird getrieben, um alles in Gang zu halten?

Zehn Haustechniker sind ständig unterwegs zwischen dem Atrium und dem Kranz luxuriöser Wohnungen unterm Dach, für deren Bäder der Carraramarmor extra aus Italien herbeigeschafft wurde. Dazwischen die Innenhöfe und hunderte Büros. Ein Arbeitszimmer »on the top«, inklusive Aussicht auf den Gendarmenmarkt, ist manchmal zur Besichtigung frei. Der Schreibtisch steht am Panoramafenster und die schönste Stunde beginnt, wenn es dunkel wird – mit einem Glas Wein neben dem PC und Blick auf den Deutschen Dom, natürlich im Scheinwerferlicht.

Überall in Berlin sind neue Büro- und Geschäftshäuser emporgewachsen. Im Quartier 205 an der Friedrichstraße, das heute offiziell »Q 205« heißt, kann man die Geheimnisse eines solchen Riesenbaus kennenlernen und bis aufs Dach steigen. Rundgänge hinter die Kulissen organisiert das Center Management im »Q 205«, es ist unter ☎ 20 94 51 – 01 erreichbar (Fax –05, im Internet: www.Q205.com).
Die Dauer der Führung und eventuelle Kosten werden einzeln abgesprochen. Möglich ist auch ein Arrangement mit einer abschließenden Kaffee- und Kuchen-Runde.

EINMAL IN DER PRÄSIDENTEN-SUITE

Hinter den Kulissen des Westin Grand-Hotels

Manche Hotelgäste reagieren so schnell, als hätten sie auf diesen Augenblick lange gewartet: Wenn sich die Türe von Zimmer 216 im sechsten Stock des Westin Grand nur ein klein wenig öffnet, halten selbst welterfahrene Leute auf dem Gang inne. Am liebsten würden sie jetzt mit dem Fotoapparat in der Hand dahinter verschwinden, und einige fragen auch, ob sie dürfen – vorausgesetzt, es kommt nur Service-Personal aus der Türe, und die Schinkel-Suite ist frei.

Sie heißt auch Präsidenten-Suite im Westin Grand-Hotel, dem früheren Grand Hotel an der Ecke Friedrichstraße/Unter den Linden – und hat einen großzügigen Schnitt: 250 Quadratmeter, ein Penthouse für 1950 Euro pro Übernachtung. Hier residierten schon der japanische Kaiser Akihito und die jordanische Königin Nur und François Mitterrand, hier ließen sich Boris Jelzin oder Filmstars am Mahagonischreibtisch nieder – den Salon im Blick.

Nun hinaus auf die höchste Galerie der Hotelhalle. Der Blick fällt dreißig Meter tief. Ein verschwenderisches Atrium. Kein Architekt würde ihm heute unter dem Druck der Kosten noch so viel Raum schenken. Auf dem Grund die Freitreppe. Willkommenes Podium für Stars. Eine letzte Wendung zum Publikum in der Lobby, ein Lächeln und Winken, bevor sie am Ende der Stufen in der ersten Etage im Lift verschwinden. Wie Ränge in einem Opernhaus umschließen die Galerien dieses Entree. Sechs Etagen hoch bis zum Dach des Atriums mit seinem bunten Glas, das an Orchideenblüten erinnert. Hier hat schon manche Filmgesellschaft auf der Suche nach Hollywood in Berlin die ideale Kulisse gefunden.

Die Orchideen haben mit der Geschichte des Fünf-
sternehotels zu tun. Am 1. August 1987 wurde es anläß-
lich der 750-Jahr-Feier Berlins eingeweiht. Schwedi-
sche Baufirmen hatten die Ost-Berliner Nobelherberge
mit 358 Zimmern für internationale Gäste des »Arbeiter-
und-Bauern-Staates« im Auftrag der DDR-Regierung
errichtet, doch der Entwurf stammt von einem japani-
schen Architekten-Team. Es kürte die Orchidee zur
Blume des Hauses.

Bevor die Japaner zeichneten, studierten sie historische Stadtansichten, vor allem die traditionsreiche, im
Krieg zerstörte Kaiser-Galerie, eine Einkaufspassage
am Platz des geplanten Grand Hotels. In ihrer Mitte er-
hob sich ein mehr als fünfzehn Meter hohes, glasge-
decktes Atrium mit acht Ecken – ein Oktogon. Dieses
Vorbild wollten sie in ihrem Projekt auf zeitgemäße
Weise neu erschaffen und den Bau so mit der Geschichte verbinden.

Der *doorman* grüßt in grauer Livree. Jetzt quer durch
die Lobby und hinauf in die zweite Etage zum Dachgar-
ten mit Rhododendren, Sommerblumen und Caféter-
rasse im Schutze der Hotelrückseite. Man hat ihn geschickt in dieser Höhe auf dem überbauten hinteren Hof
angelegt. Sogar ein Gewächshaus im Stil eines Teehäus-
chens mit geschwänzten Giebeldrachen gehört dazu.
Hier veranstaltet das Hotel im Sommer sonntägliche
Barbecues mit vielerlei Grillspezialitäten im versteckten
Garten.

Nun die Wendeltreppe hinab zum Wintergarten.
Frühstück unter Palmen, die Stadt fern wie auf den Ma-
lediven. Vielleicht sitzen am Nachbartisch auch Gäste
aus den kleineren Suiten, fünfunddreißig gibt es insgesamt, genannt nach Goethe, Bach, Lessing, Fontane
usw., gestaltet im Stil ihrer Zeit. Oder nach Weltstädten,
z.B. die Tokio-Suite für 650 Euro pro Nacht mit original
japanischem Design.

In der Küche ist der Chef ein Mann voller Ideen. Markus Herbicht bekocht im Westin Grand-Hotel Berlin drei
gastronomische Treffpunkte: das »Stammhaus«, die
»Lobbybar« mit der Terrasse »W« und das Hauptrestau-

rant »Friedrichs«. Seinen Berliner Gästen will der Saar-
länder im Restaurant wie beim Catering, das er gleichfalls betreut, etwas Besonderes bieten. Er holte jüngst
mallorquinische Köche zu einem spanischen Wochenende in die Stadt, er sammelt neue Einfälle an einem
Stammtisch mit Kollegen, den er selbst organisiert.
Doch am liebsten stöbert Markus Herbicht in alten
Kochbüchern und serviert dann beispielsweise Kalbs-
haxen nach historischem Rezept. Für ihn sind das »fas-
zinierende Ausflüge in die kulinarische Vergangenheit« –
und natürlich kann man eine solche Tour auch auf der
Speisekarte buchen.

Ein Blick hinter die Kulissen des Luxus-Hotels ist möglich.
Führungen werden ab 10 Personen angeboten und kosten
7,50 Euro pro Person. Im Preis enthalten sind Kaffee und
Kuchen im Anschluß an den Rundgang. Auch größere
Gruppenführungen mit Reservierungen für Lunch oder
Dinner sind jederzeit möglich. Informationen und Buchun-
gen unter ☎ 20 27–0 (im Internet: www.westin.com/berlin).

Zarte Hand aus
Lindenholz.
Eine Puppe
der »berliner
marionetten-
bühne«

KULTUR – GEHEIMSNISVOLL

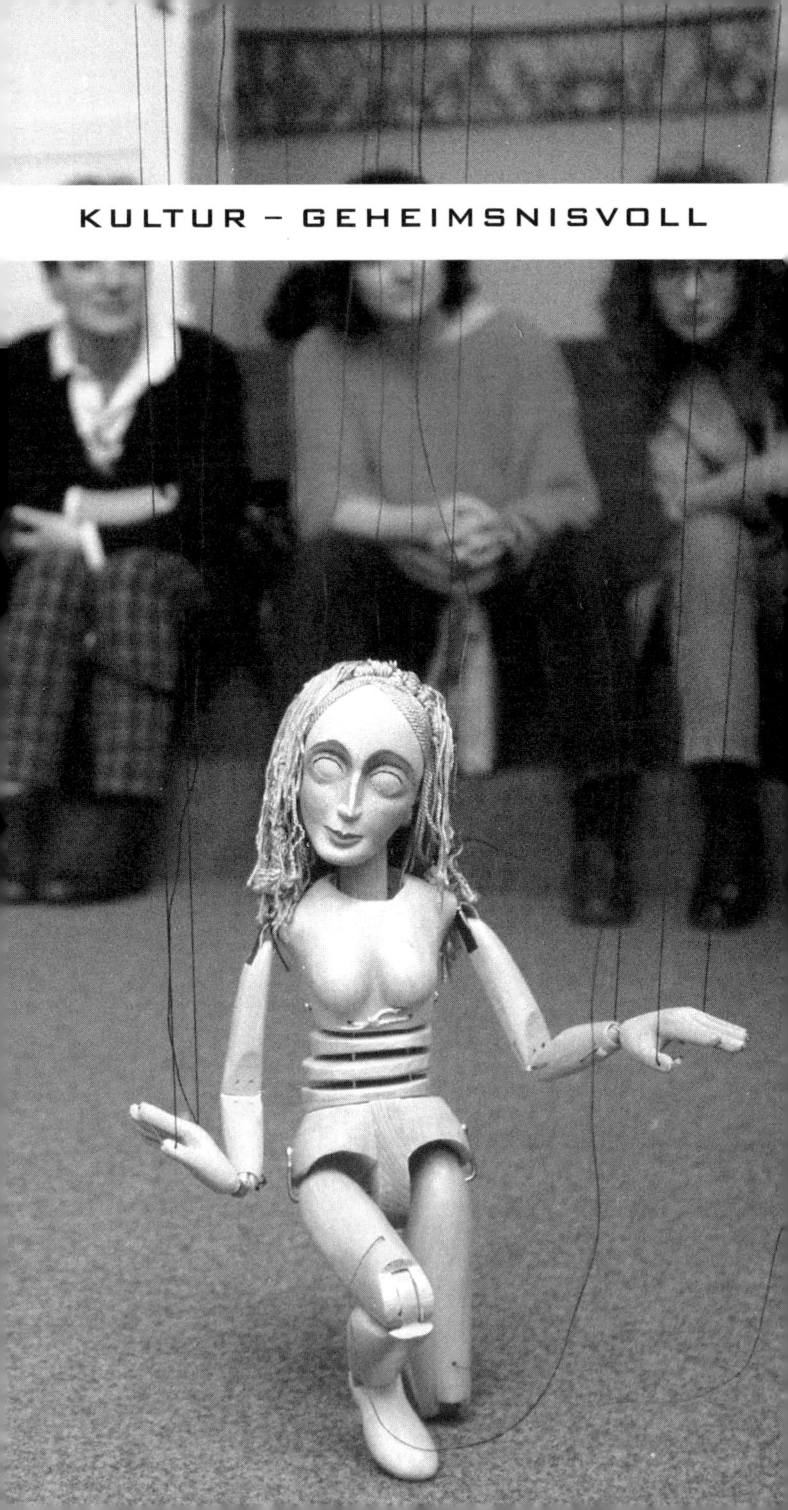

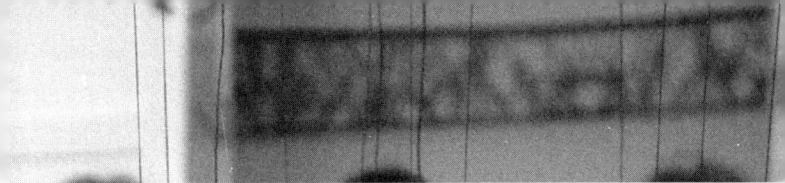

DOKTOR FAUSTUS, MEPHISTO & CO

Hinter dem Vorhang einer Marionettenbühne

Sogleich wird Gretchen dem Doktor Faustus schöne Augen machen. Doch noch rutscht sie auf Knien durchs Zimmer und sucht ihre Kontaktlinsen. Das ist eine der schwierigsten Übungen für Marionettenspieler. Ein Training in verschiedensten Bewegungsabläufen. Geschmeidig hat sich Gretchen während der Probe gebeugt und ist in die Hocke gegangen, behutsam tasten die Hände des Mädchens nun über den Boden, während der Kopf mit den großen rehbraunen Augen in jede Richtung späht und sich die ganze Person dreht und wendet, als hänge von dem bißchen Glas ihr Glück in der Liebe ab.

Ein junges Ding im weißen Seidenkleid, das in Goethes Klassiker über die Stränge schlägt, doch auf dieser Bühne zugleich so streng kontrolliert wird wie kein anderer Teenager: Dreizehn Schnüre sind an ihren Körper geheftet und dirigieren Gretchen nach dem Willen von Barbara Pürsten, der Puppenspielerin.

Die 44jährige Logopädin wirkt im verborgenen hinter einer Wand aus schwarzem Tuch. In der Mitte die Bühne – ein hell erleuchteter Guckkasten. Nichts lenkt das Auge von diesem kleinen Welttheater ab, dessen Figuren in einem solchen Rahmen scheinbar an Größe gewinnen. Darüber, auf einer Brücke, steht Barbara Pürsten mit vorgestreckten Armen, als wolle sie ein paar Kniebeugen absolvieren. Zugleich betreiben Handgelenke und Finger eine virtuose Gymnastik. Rechts das Spielkreuz im Griff für Kopf und Oberkörper, links ein Holz mit den Fäden für Gretchens Beine. Dazu gibt sie der Puppe ihre Stimme und muß nun all diese Fertigkeiten harmonisch zueinanderbringen. So macht Barbara Pürsten Marionetten lebendig. Doch manchmal wird ihr Wie Gulliver in Liliput. Erste Spielversuche

Rücken durch die angestrengte Haltung lahm und eine Liebesszene lasch. Das sind die Schwierigkeiten der hohen Kunst des Theaters am Faden.

Stephan Schlafke, von Beruf Elektroinstallateur, betreibt dieses Spiel seit zwölf Jahren in seiner Freizeit gemeinsam mit einer Gruppe Gleichgesinnter. »Literarisches Marionettentheater für Erwachsene« nennen sie ihre Leidenschaft. Sie hat Tradition, war an den Fürstenhöfen äußerst beliebt, Joseph Haydn schrieb sogar eine Oper für Marionetten. Erst seit rund hundert Jahren dienen sie fast ausschließlich zum Vergnügen der Kinder. Deshalb hört Stephan Schlafke oft falsche Erwartungen. »Ich komme mit meinen Enkeln«, sagen ältere Leute und bekommen zur Antwort: »Nee, unser Theater is doch was für Sie!«

Etliche Stücke hat die »berliner marionettenbühne« an der Freien Volksbühne, im Kulturzentrum »Pumpe« in Tiergarten und im Puppentheater »Die Schaubude« in Prenzlauer Berg inszeniert, »Das Bildnis des Dorian Gray« von Oscar Wilde, »Krabat« nach dem Roman von Otfried Preußler, zuletzt »Der Tod im Apfelbaum« von Paul Osborn – und Goethes »Faust« I.

Hochgestapelte Bücher, ein Tisch und die Kugel in magischem Blau, Fausts Studierzimmer im Liliput-Format. Auftritt: Marthe Schwerdtlein, die Kupplerin. Ilona Rudolf hält ihre Fäden in der Hand, obwohl mancher keinen guten Faden an Marthe läßt und Kollege Schlafke gerade ihren Rock dreist übers Knie hochschiebt. »Sehen Sie, so sind die Beine geschnitzt.« Er steht am Bühnenrand, knüpft nun das Leibchen auf und zeigt auf Holzscheiben, zum Sandwich geschichtet und mit Schnüren verbunden. »Ihr Oberkörper, das gibt lebensechte Beweglichkeit.« Nun drückt er das Kinn herunter. »Hier, die Halsachse.« Aber die Puppe klopft ihm auf die Finger. »Halt, Sie Rüpel, Sie ...«

Ihre Hand ist aus weichem Lindenholz geformt wie die gesamte Marionette und raffiniert konstruiert. Es gibt Abstufungen und Wellen auf der Haut, Daumen und Zeigefinger haben eine besondere Stellung zueinander. Taucht eine solche Hand ins Licht, spielen auf ihr die Schatten und täuschen Bewegung vor. Außerdem ist sie unverhältnismäßig groß. Das verschafft einen starken Ausdruck. Und nirgendwo gibt es rauhe Stellen. Marthe Schwerdtlein ist bestens poliert, keine Runzel, keine unreine Haut. Die Kleidung kann sich im Spiel an keiner Holzfaser verfangen.

In Kursen und Seminaren haben die Spieler diese Kunst erlernt und sich vieles gegenseitig beigebracht. Schnitzen, Schneidern und Spielen, dann Regie, Inszenierung, Beleuchtung und Bühnenbild. Mehr als vierzig Puppen haben sie gebaut und angekleidet und auch Marthe in Form gebracht. Sogar an ihre Stirne hat man einen Faden geheftet. Damit wirft sie den Nacken nach hinten und schaut in den Himmel empor – »etwa so«, sagt Ilona Rudolf und muß achtgeben, daß sich Marthes hauchdünne Fäden nicht auf der Bühne mit Mephistos Aufhängung verheddern. So etwas passiert und schafft Probleme wie ein Beziehungsknäuel im Leben der Menschen.

Immer wieder beobachtet die Spielerin sich bei den Proben selbst, wie sie sich reckt und gähnt, wie sie läuft oder die Teetasse zum Mund führt. Wer nimmt schon wahr, daß er den Oberkörper vorbeugt, bevor er sich setzt? Wer weiß, daß fast jede Bewegung mit den Augen beginnt, weil sie sicherheitshalber zuerst die Situation erfassen? Wer kennt seine Gesten von Freude und Trauer? Irgendwann greift Ilona Rudolf zum Spielkreuz und bewegt ihre Puppe auf ganz ähnliche Weise. Dann nimmt sich die Musiktherapeutin aus Schöneberg weit hinter den kleinen hölzernen Menschen zurück. Nur die Figur ist wichtig, obwohl sie zugleich ein Teil der Spielerin wird und ohnehin nie den Faden verliert. »Sogar mein Atem«, erzählt Ilona Rudolf, »überträgt sich auf die Marionette.«

Zieht dagegen ein Anfänger die Fäden, wirkt Mephisto etwas unbeholfen. Erst wippt er wie Schmittchen Schleicher in den Knien, dann knickt er ein, hebt mit den Füßen ab, setzt wieder auf, als würden seine Beine auf Härte getestet und sieht etwas unglücklich aus in einer Haltung, die jeder Mensch am Stillen Örtchen einnimmt. Eine

Puppe macht Gehübungen. Mephisto als Versuchskandidal. Schnurstracks führen seine Schnüre zum Olymp der Bühne, wo sich eine junge Frau wie Gulliver im Lande Liliput über das kleine Studierzimmer des Doktor Faustus beugt.

»Sprechen und spielen Sie wirklich gleichzeitig?« fragt ein Mann nebenan und versucht mit Gretchen diese doppelte Leistung. Aber da bringt er die Worte und das Mädchen zugleich ins Stolpern.

Marionetten aus der Nähe: Die »berliner marionettenbühne« und das KOBALT-Figurentheater zeigen ihre Kunst auch hinter den Kulissen. Welche Puppen Ihnen dort begegnen und was Sie ausprobieren können, hängt stark davon ab, welches Stück gerade auf dem Programm steht. Die Spieler verraten gerne einige Geheimnisse, und natürlich darf jeder Gast eine Puppe spazierenführen. Gruppen sollten deshalb nicht allzugroß sein. Ein solches Rendezvous mit Marionetten dauert in der Regel zwei bis drei Stunden. Für besonders Interessierte veranstalten die Bühnen hin und wieder Workshops und Seminare zu Puppenspiel und Puppenbau. Auskünfte gibt es unter ☎ 6 92 83 40. Im Internet: www.kobalt-figurentheater.de.

DER DAUMENGROSSE
ROBINSON

Vorhang hoch in Berlins raffinierten Papiertheatern

Jetzt greift sie in eine alte Zigarrenkiste und sucht nach Robinson Crusoe. »Der hat sich unter all den anderen Schauspielern versteckt«, sagt Bärbel Reißmann und zieht erst einmal Freitag hervor, den schokoladenbraunen Wilden mit Speer und Lockenkopf. Dann kramt sie noch ein wenig, erwischt den Helden der Geschichte und stellt ihn auf die Tischplatte: Ein Mannsbild aus Pappe mit Zausebart und Felljacke, aber klugen, fast edlen Gesichtszügen. Daumengroß, als käme er gerade aus dem Lande Liliput.

Nun bewegt die Mitarbeiterin der Theatersammlung der Stiftung Stadtmuseum einen dünnen, kaum sichtbaren Draht, der an Robinsons Hüfte befestigt ist, und macht die Figur lebendig. Kurze Verneigung, Kehrtwende, Abtritt. »Einen Moment«, ruft Bärbel Reißmann, »jetzt muß ich noch unbedingt etwas holen. Ihr sollt ja eine Ahnung haben, wie schön unsere Sachen sind.« Dann verschwindet sie in einem Gang voller Regale.

»Hier!« Die kleine, lebhafte Frau ist hinter dem Theater, das sie nun herbeischleppt, kaum zu sehen. Eine Bühne en miniature in prächtigen Farben hält sie in den Armen, vielleicht einen Meter lang und mit allen Raffinessen ausgestattet, die ihre großen Vorbilder haben. Es gibt einen Samtvorhang zum Hochkurbeln, Seiten- und Hintergrundkulissen und sogar einen kleinen Orchestergraben. Wer an diese Bühne herantritt, blickt in einen Guckkasten – fühlt sich hineingezogen in Robinson Crusoes exotische Welt. Palmen, Strand und Kannibalen, eine verblüffende Illusion bis in die Tiefe des Raumes, obwohl es damals noch keine 3-D-Technik gab.

Damals – das war etwa die Zeit zwischen 1820 und 1920, als Papiertheater in Berlins bürgerlichen Stuben »das schönste Geschenk für die Kinder waren«, wie Thomas Mann in seinem Familienroman »Buddenbrooks« schreibt. Besonders an gemütlichen Herbst- und Wintertagen. Dann saß Mutter am Flügel, Vater führte Regie, die großen Kinder waren die Spieler und die Jüngsten schauten mit den Großeltern zu.

Bärbel Reißmann verwahrt etliche solcher Bühnen in ihrem Fundus in einem großen Backsteinhaus an der Schöneberger Straße 11–15 in Tempelhof. Die frühere preußische Kaserne beherbergt heute auf drei Etagen zahlreiche Sammlungen der Stiftung Stadtmuseum mit Kostümen, Requisiten, Plakaten und vielen anderen Schätzen aus Berlins Theatergeschichte der vergangenen 200 Jahre.

Aus dem Stand könnte Bärbel Reißmann den Doktor Faustus und andere klassische Schauspiele oder Opern wie Carl Maria von Webers »Freischütz« oder Mozarts »Zauberflöte« aufführen. Natürlich auch Kinderstücke

Leidenschaft für die Papierbühnen: Bärbel Reißmann vor dem Thalia-Theater der Berliner Firma Engel

wie Rotkäppchen und die Geschichten vom Rübezahl. Aber solche besonderen Spektakel für Jüngere waren in den ersten Jahrzehnten des Papiertheaters eher selten. Sein Repertoire ähnelte dem Programm der großen Bühnen. Man wollte den Mädchen und Jungen im Sinne der Aufklärung schnellstmöglich Bildung und Tugend vermitteln und sie deshalb spielerisch an die Kultur der Erwachsenen heranführen. Zugleich gab es immer mehr bürgerliche Familien, die Zeit und Geld für die Erziehung ihrer Kinder hatten.

Beste Voraussetzungen für den Berliner Verlag Winckelmann & Söhne, ganze Theaterbausätze auf den Markt zu bringen. Anfangs saßen dessen Zeichner noch in den Schauspiel- und Opernhäusern und kopierten deren Aufführungen im Original – vom Kostüm bis zur Kulisse. Nach diesen Vorlagen druckte man Berlins Theaterwelt des frühen 19. Jahrhunderts im Wohnzimmerformat. Ausschneidebögen entstanden. Heute werden sie in Tempelhof als wertvolle zeitgeschichtliche Dokumente aufbewahrt.

Zum Beispiel die Figuren, Regie- und Textbücher sowie der gesamte Bühnenaufbau des Thalia-Theaters. Eine Berliner Familie hat es der Stiftung Stadtmuseum vor einigen Jahren vermacht. »Das war wie Weihnachten«, sagt Bärbel Reißmann. Fünf verheißungsvolle Holzkästen gelangten in ihre Hände, von irgendeinem Dachboden. Dort lagen sie seit sechs Jahrzehnten. Doch zuvor waren sie über mehrere Generationen hinweg ein gehüteter Familienschatz.

Alle Jahre wieder gab es in der Wohnstube Applaus und Zugaben, jeder Theaterdirektor vervollkommnete die Bühne mit neuen, liebevoll ausgedachten Details und sammelte weitere Aufführungen. Ganze Kulissensets haben die Mitarbeiter des Museums ausgepackt: Gebirgsdörfer und Hochseehäfen, Thronsäle und Hexenhäuser. Jedes Bild wurde mit kleinen Kerzen seitlich beleuchtet. Und stapelweise entdeckten sie Hefte voller Regienotizen oder veränderter Textpassagen, falls es für die Kinder ein wenig zu kompliziert wurde – beispielsweise auf dem Robinson-Eiland.

Der freundliche
Drache

Die Theatersammlung ist kein öffentliches Museum, Schätze aus ihrem Fundus werden aber in wechselnden Ausstellungen im Nicolaihaus der Stiftung Stadtmuseum an der Brüderstraße 13 in Mitte gezeigt (☎ 20 45 81 63). Es kann aber noch eine gute Weile dauern, bis die Papiertheater an der Reihe sind. Deshalb lädt Bärbel Reißmann auch zu Gruppenführungen durch ihre kleine Papiertheater-Welt in Tempelhof ein. Nach Absprache führt sie kleinere Stücke auf, dann werden die Ensembles aus Papier wieder lebendig. Im Nicolaihaus bietet sie zudem Workshops an – »Wir bauen ein Papiertheater«. Und zur Weihnachtszeit stehen dort regelmäßig Papiertheater-Aufführungen auf dem Programm. Übrigens: Im Fundus in Tempelhof gibt es auch eine Sammlung mit Theaterpuppen. »Hirsch Heinrich« aus dem früheren DDR-Fernsehen ist hier im Original untergekommen, und auch der »Freundliche Drache« liegt dreieinhalb Meter lang im Regal. Weitere Infos und Anmeldungen unter ☎ 760 07–186. Infos im Internet zum Programm des Nicolaihauses unter: www.stadtmuseum.de.

LINDWURM
IN DER KISTE

Fundus und Werkstätten der Deutschen Oper

Im Grunde ist es ein ganz gewöhnlicher Dienstagmorgen für die Mitarbeiter der Deutschen Oper. Putzmacherinnen ziehen einen feuchten Hut aus Reisstroh über einen Holzkopf. Im Perückenfundus drehen zwei Maskenbildner Locken aus Büffelhaar. Cornelia Hinz, Expertin fürs Schuhwerk, sucht Stiefel, die besonders laut knarren, und im großen Malsaal steht ein unvollständiger Lindwurm. Vor einer halben Stunde wurden ihm die Hörner abgeschraubt. Auch die Zunge fehlt. Das Untier wird für ein Gastspiel eingepackt. Übliche Arbeiten in einem Unternehmen, das Illusionen schafft – doch auch heute, in der Frühe, sind sie mehr als Routine: Es verstaut schließlich nicht jeder einen Drachen am Vormittag. Und welcher selbstgefertigte Hut wird im Strahl der Scheinwerfer getragen?

Bismarckstraße 35. Besuch im Fundus, in den Kostüm- und Bühnenwerkstätten. Heute gibt es eine Vorstellung hinter den Kulissen. Cornelia Hinz, Chefin im Schuhfundus, nimmt ein Paar Stiefel zärtlich in die Hand. Abgewetzt sehen sie aus. Hinz streichelt das Leder. »Sehen Sie, so ein alter Schuh, der lebt doch.« Sie setzt ihn aufs Regal. »Diesen hier trug ein Toter im ›Fliegenden Holländer‹«. Lange, schmale Gänge hat ihr Fundus. Rund 17.000 Paare, vom Pantoffel bis zum Schlittschuh, hält sie griffbereit – und kein Wunsch erscheint ihr unerfüllbar. Goldverzierte, rote Prinzessinnenstiefel für »Dornröschen«, schwere Lederbotten, wie sie die Kondukteure der alten Berliner Straßenbahnen trugen. Würde ein Regisseur Schuhe aus dem Mittelalter bestellen, Cornelia Hinz brächte sie umgehend herbei. Dicke Holzsohlen gehören dazu. Sie wurden unter die Lederbesoh-

Halb Fuß, halb Schuh – im Schuhfundus gibt es ungewöhnliche Kreationen

lung gespannt, um den eigentlichen Schuh im Morast der Straßen zu schützen.

Doch immer der Reihe nach. Eine Führung hinter den Vorhang beginnt traditionell auf der Bühne. Einmal wie ein Star vor dem Zuschauerraum stehen. Einmal den eisernen Vorhang erleben. Diese riesige Eisenplatte, die auf Knopfdruck herunterfährt und die Bühne vom Publikum abschottet. Dreißig Minuten hält sie selbst einer Feuerwand stand. Und einmal hinauf in den Schnürboden schauen, wo sich der Blick in dreißig Metern Höhe im Gewirr der Gestänge für Vorhang und Bühnengemälde fängt.

Man kann durch ein Labyrinth von Treppenhäusern, Garderoben und Fluren zu den Galerien der Schnürbodenarbeiter über der vierten Etage gelangen. Dicke Seile wie in der Takelage eines Viermasters. An ihnen saust die Hexe bei »Hänsel und Gretel« durch die Luft. »Wagner Vorhang« steht an einem Zug. Für jedes Stück gibt es besondere Züge. Ein Hängeplan für die Oper »Aida« liegt auf dem Pult.

Deren Ablauf regelt der Inspizient. Er steht verborgen am Bühnenrand und ist einer der wichtigsten Leute während der Aufführung. Er holt die Künstler herbei, veranlaßt Umbauten – alles zum richtigen Zeitpunkt. Dafür bedient er Ampeln. Rote und grüne und blaue Lichter

Drachenfreund.
Michael Jast-
ram mit seinem
Lindwurm

sind seine Signale. Blau heißt »Bereitmachen«. Ver-
schaltet sich der Inspizient, verunglückt die Szene.

Vierundzwanzig Meter ist diese Bühne tief. Und sie ist
ein Wunder an Beweglichkeit. Sie läßt sich drehen, he-
ben, senken – und hinten, wo es ein wenig schummerig
wird, ist die Türöffnung zum Hochregal. Ein dreißig Meter hoher Lagerraum. In der Mitte ein Gang wie ein
Schlauch, der sich auf Knopfdruck in Bewegung setzt.
Sein Boden fährt als Aufzug in die Höhe an hunderten
Fächern vorbei. Hier, die Vorhänge zum »Rosenkavalier«,
dritte Etage: »Tannhäuser«, vierte: Dekos für den »Mes-
sias« und rechts die Masten des »Fliegenden Holländers«.

Hinter dem Hochregal liegt ein Raum, groß wie ein
Tanzsaal. Dort arbeiten die Kulissentischler nach dem
Grundsatz: »Auf der Bühne muß alles möglich sein.«

Sie bringen von der Fußbank bis zum Kirchengestühl
so ziemlich alles fertig, was sich aus Hölzern bauen läßt.
Nun ja, Theatermöbel müssen ihre Funktion nicht vollständig erfüllen, doch auch gute Attrappen sind eine
Kunst. Zum Beispiel für Schreibtischschubladen. Durch
einen ganzen Opernführer zimmern sich die Kulissentischler im Laufe ihres Lebens. Neue Inszenierungen,
neue Herausforderungen. Ihr nächstes Werk wird für
Tschaikowskys »Onegin« sein. Aber die Pläne müssen
sie erst studieren.

In der vierten Etage gibt es einen kleinen und einen großen Malsaal. Im kleinen wird heute nicht gearbeitet. Jemand hat dort ein künstliches Weizenfeld abgestellt, sechs große Schiffsmodelle liegen kieloben auf einer Spanplatte. Im großen Saal üben zwei junge Frauen, wie man Pflastersteine malt. Ein Stück Leinwand auf dem Boden, lange Pinsel, sie tupfen gebückt. Theatermaler gehen selten auf die Knie. Sie müssen den Pinsel über Entfernungen sicher führen. Wie könnten sie sonst ihre riesigen Prospekte, die Kulissenbilder fertigbringen? Die Leinwand für Andersens »Schneekönigin« ist ausgerollt. Knapp 20 Meter lang, 14 Meter hoch. Ein Märchenwald. Knorrige Äste. Gnomengesichter.

Im Malsaal hat auch der Lindwurm seinen Platz gefunden. Als sich Michael Jastram vor mehreren Jahren daranmachte, ihn für die »Zauberflöte« zu bauen, war klar: Dieses Tier würde niemals in die Kaschierwerkstatt passen. Jastram ist Bildhauer, doch in der Deutschen Oper schafft er keine Figuren aus Stein, sondern aus Styropor. Manchmal bringt er auch ein Drahtnetz in die gewünschte Form und schlägt getränkten Stoff oder Seidenpapier darüber. Das heißt im Fachjargon »Kaschieren«. Eine Werkstatt der Illusionen. Sie stehen im Regal. Geier neben Urne und Totenkopf. Sie sitzen unter dem Tisch wie der Löwe eines Lehrlings oder sind auf den Schrank geschoben. »Hier, ein Pokal von Don Carlos«, sagt Jastram, »Säulenschmuck.« Dann nimmt er das große antike Stück und hält es auf zwei Fingern wie eine chinesische Porzellantasse. »Styropor, kinderleicht.«

Theaterplastik heißt dieses Metier. Man kann es an der Deutschen Oper lernen wie andere Bühnenberufe, doch viele ihrer Mitarbeiter kommen auf Umwegen hinter die Kulissen. Auch in dieser Werkstatt. Einige waren Architekturmodellbauer oder Kunst- und Bauschlosser, nun teilen sie weiße Kunststoffblöcke nach den Regeln der Bildhauerkunst in Schnitte ein und schnitzen Madonnen oder die Riesensphinx für »Aida«.

Einige Minuten entfernt, hinter verwinkelten Fluren, arbeitet Dorothea Katzer. Manche sagen, sie könne einen Menschen in fast alles verwandeln. Aber das ist

Einmal ein Star sein, z. B. in der Deutschen Oper

keine Magie, sondern die Kunst der Kostümgestaltung. Und die beherrscht sie auch nicht alleine: Hundert Mitarbeiter sortieren und schneidern, sammeln, gestalten und verwalten einen schier unermeßlichen Schatz aus Textilien: Kleider, Hosen, Mäntel, Wäsche, Hüte, Schuhe, Perücken – aus jedem Jahrhundert, für jeden Zweck. Dorothea Katzer leitet die Kostümabteilung, deren Grundsatz heißt: »Wir kaufen ständig Schnäppchen und sammeln fast alles.« Pailletten, Spitzen, Stoffe, Knöpfe, Federn. Irgendwann können sie die Dinge gebrauchen. Zum Beispiel für Zigeunerkleider im »Troubadour« aus selbstgefärbten Möbeldecken. Oder für einen Rock in der Oper »Zar und Zimmermann«. Tischdecken wurden für ihn zurechtgeschneidert.

Wie Korpusse in der Anatomie stehen die Schneiderpuppen in der Nähwerkstatt aneinandergereiht. Alle Körperformen, denn jeder Darsteller und Statist bekommt seinen individuellen Zuschnitt. Zwanzig Nähmaschinen surren, während Andreas Krellmann, eine Treppe tiefer, gröberes Werkzeug nutzt. Er ist Chef der Rüstmeisterei, wo Othellos Harnisch selbst geschmiedet

wurde, »damit es echt klappert«. Seine Räume erinnern
an ein Waffenarsenal. Krellmann könnte mit seinen Pi
stolen und Musketen napoleonische Schwadronen aus-
rüsten. Doch auch die Kalaschnikow liegt im Schrank.
Und natürlich Säbel, Schwerter, Mörderdolche. Die hat
er besonders präpariert. »Die Klinge ist hohl, da kommt
ein Blutkissen hinein.« Nur eines begreift er nicht. Warum
die komplette Regenschirmsammlung der Deutschen
Oper ausgerechnet zur Rüstkammer gehört.

Die Deutsche Oper bietet Spaziergänge hinter ihre Kulissen
an, allerdings nur für Gruppen. Informationen gibt es unter
☎ 343 84–474 oder 343 84–01. Adresse: Richard-Wagner-
Straße 10, 10585 Berlin. Im Internet: www.deutscheoper-
berlin.de.

HIER WIRD DER HIMMEL ZUM KONZERTSAAL

Turmbesteigung zum Carillon im Tiergarten

Glockenspieler vom Tiergarten: Jeffery Bossin

Das Geheimnis ist 42 Meter hoch und im Grunde weithin sichtbar. Doch jede Stufe, die ein Besucher zum Berliner Carilloneur Jeffery Bossin emporklettert, bringt ihn näher zum verborgenen Herzstück eines der größten Instrumente der Welt, das Bossin seit 1987 spielt: zehn gewaltige Glocken zu seinen Füßen, 58 kleinere über seinem Kopf in einem Turm im Tiergarten. Dazwischen steht der Kalifornier in einer Kabine am Spielpult hoch über den Köpfen der Spaziergänger, springt hin und her wie im Fitneßstudio – und der Himmel über Berlin ist sein Konzertsaal.

Ein klangvolles Stück Berlin, das jedermann genießt,

doch kaum jemand so richtig begreift, weil die Glocken zwar klingen, aber nicht schwingen. Wie ist das möglich? Und welches Wunderwerk eines mechanischen Glockenspieles muß dort oben installiert sein, um eine derart gefühlvolle und abwechslungsreiche Musik hervorzubringen? Nein, das schaffen selbst raffinierteste Spieldosen nicht. Über dem Park bringt ein Mensch mit wirbelnden Fäusten Tastenstöcke zum Klappern und tritt Pedale. Über Drähte sind sie mit den Klöppeln verbunden. Diese hämmern auf die Bronze. So gibt Bossin jeden Sonntag Konzerte. Choräle, Klassik, oder »Ich hab᾿ noch einen Koffer in Berlin«.

Zur 750-Jahr-Feier Berlins erklang sein erstes Konzert. Der Musikwissenschaftler muß sich gefühlt haben wie ein Geiger, der sein Instrument selbst entworfen hat. Denn es war seine Idee, neben dem Haus der Kulturen der Welt das Glockeninstrument nach Vorbildern in Holland und den USA zu bauen, wo solche musikalischen Türme, Carillon genannt, seit langem populär sind.

Eine 2,8-Millionen-Mark-Spende des Daimler-Konzerns half dabei. Wer Bossin zuschauen will, muß eine Wendeltreppe hinauf. Hier oben drückt und tritt er auf die Stöcke und Pedale, und wenn der letzte Ton verklingt, geht er hinaus, um sich den Leuten zu zeigen. Ein Geheimnis wird gelüftet. Hier spielt keine Maschine, hier macht ein Mensch die Musik.

Riesiger Fingerhut. Der Kühlturm des Kraftwerks Reuter-West

Von Mai bis September erklingt sonntags ab 15 Uhr im Park am Haus der Kulturen der Welt Carillonmusik. Nach dem Konzert, gegen 16 Uhr, erklärt der Glockenspieler vom Tiergarten, Jeffery Bossin, sein Instrument. Führungskosten: 5 Euro, Kinder 2,50 Euro. Gruppen bitte anmelden (Handjerystraße 37, 12159 Berlin, ☎ 851 28 28).

RIESENFEUER FÜR BERLIN

Mit Helm und Kopfhörer ins Kraftwerk

So ähnlich muß es im Bauch eines dampfgetriebenen Ozeanriesen ausgesehen haben. Jede Menge Rohre, die irgendwoher kommen und zu irgendeinem Zweck in der Tiefe der Halle verschwinden. Reihenweise Stellräder, Kabelbündel und mittendrin der Kessel. Im Dampfer vielleicht haushoch, hier, im Kohlekraftwerk Reuter-West, so gewaltig wie ein Turm. Bewegen sich Menschen durch die Eingeweide dieses technischen Organismus, der Berlin mit Strom und Wärme versorgt, so sieht das aus, als seien sie zu Wichten geschrumpft.

Rund 20 Prozent des in Berlin verbrauchten Stroms stellt der 1987/88 eingeweihte Gigant am Großen Spreering in Siemensstadt her. Durchschnittlich 500 Megawatt werden pro Stunde erzeugt. Acht Millionen Menschen müßten angestrengt arbeiten, um so viel Energie zu produzieren, hat die Bewag einmal ausgerechnet. Denn ein Mensch bringt etwa 70 Watt Dauerleistung. Und noch ein paar Zahlen: Rund 55.000 Wohnungen versorgt das Kraftwerk mit Fernwärme. Bis zu 160 Tonnen Kohle, das sind vier Bahnwaggons, frißt sein Feuer in einer Stunde. Fünfzig Meter toben die Flammen hoch, erhitzen den Kessel auf 1200 Grad Celsius. Nun läuft hier ab, was im Prinzip schon jedes Schulkind kennt: Wasser verwandelt sich in Dampf, dieser treibt die Turbinen an und diese zwei Generatoren. Nur ist das Ganze bei der Bewag komplizierter als im Schulexperiment, vor allem wegen der Techniken zum Umweltschutz. Denn knapp zwei Drittel aller Apparaturen hinter der Kraftwerksfassade haben nur einen Zweck: Sie sollen die Abgase sauberhalten.

Helm auf, Kopfhörer überstülpen wegen des Lärms.

Und bitte die Empfangsanlage einschalten: »Willkommen, heute lernen Sie die Geheimnisse der Stromerzeugung kennen«, begrüßt ein Bewag-Experte die Gruppe. In der Vorstellung vieler Menschen ist das Kraftwerk ja nur ein großer graublauer Block mit dampfendem Kühlturm. Nun kommen sie ganz nah heran an den Turm. Wie ein riesiger Fingerhut steigt er in den Himmel. Wasser rauscht, schäumt unter ihm hervor und stürzt in ein Becken. Naturzug-Naßkühlturm nennen die Fachleute dieses Monstrum. In seinem Inneren strömt ein aufgeheizter Wasserfall über Kühlplatten, er bildet sich im Kraftwerk aus kondensiertem Dampf. Das hohe Bauwerk erzeugt zugleich eine Luftströmung, sie zieht am Wasser vorbei und nimmt ihm die Wärme, bevor es in die Spree hinausfließt.

Der Bewag-Führer öffnet eine Stahltüre. Ein hoher fensterloser Bau, ein technischer Irrgarten, Brummen und Sausen in stickiger Luft, jetzt nur nicht den Ortskundigen aus den Augen verlieren. Dies also ist das Herzstück, die Kraftwerkshalle mit einer Menge Etagen, von denen aus man die Öfen versorgt und Fernwärme abzweigt. Mühlen zerreiben die Kohle, ihr Staub wird in die Kessel geblasen, damit sie höchste Temperaturen entwickeln, Wasserrohre winden sich um beide Öfen, in diesen Schlangen entsteht der Dampf, der die Turbinen antreibt oder zur Fernwärme abgezweigt wird. Wie ein Hochhaus muß man die Öfen besteigen. Ganz oben herrschen im Sommer bis zu 45 Grad Celsius. Kein Bewag-Mann hat dann gerne unterm Dach zu tun. Doch die Gäste dürfen heute abend noch zwei Treppen höher hinauf bis zum Aussichtssteg auf der Halle. Achtzig Meter über den Kohlehalden. Ein schmaler Weg auf Stahlgittern, in der Stadt gehen die Lichter an – von Reuter-West gespeist.

Wer dieses Kraftwerk erlebt, läßt keine Birne mehr unnötig brennen. Katalysator, Elektrofilter, Rauchgasentschwefelung. Kompliziert und teuer sind die verschiedenen Verfahren für den Umweltschutz. Und alle Abläufe sind automatisiert: Das beginnt bei der Asche, die ins Wasserbad fällt und in Absetzbecken gepumpt wird; Rauch wirbelt durch Elektrofilter, die Stäube magnetisch anziehen; Katalysatoren wandeln Stickoxyde in Stickstoff und Wasser um, die Rauchgasentschwefelung bindet Schwefeldioxyd und häuft Gipsberge an. Unablässig rieselt der Gips in eine große Lagerhalle herab. Auch hier erledigen Maschinen alles alleine. »Es gibt aber eine noch bessere Umweltvorsorge«, sagt ein Bewag-Mann, »jeder sollte mit unserem Strom effizient und sparsam umgehen.« Im Kraftwerk selbst wird versucht, die Energie in der Kohle bestens zu nutzen. Achtzig Prozent sind in Reuter-West erreicht. Der Trick heißt »Kraft-Wärmekoppelung«, was bedeutet: Ein Teil des aufgeheizten Wassers wärmt ganze Siedlungen.

Nächste Station: Die Turbinenhalle. Wie gefesselte, röhrende Monster zerren hier zwei Kraftpakete an ihren Fundamenten. Jede dieser Maschinen stellt zehn Prozent des Berliner Stroms her. Aber sie arbeiten scheinbar alleine. Eine Stromfabrik, menschenleer. Überwacht werden die Turbinen in der Leitstelle. Hier haben Techniker die Daten ihrer Eingeweide im Blick, hier laufen alle Informationen aus dem Kraftwerk zusammen. Reihenweise Schaltpulte wie im Raumschiff – auf diesen Tafeln löst sich der hundert Meter hohe Kühlturm in Ziffern auf.

Die Bewag führt Gruppen von 12 bis 30 Personen durch Reuter-West. Beeindruckend ist auch eine Führung durch das neue Heizkraftwerk Mitte an der Köpenicker Straße. Es hat einen sehr hohen Wirkungsgrad und ist eines der modernsten Kraftwerke der Welt. Die Rundgänge sind kostenlos und dauern circa drei Stunden. Weitere Auskünfte gibt es unter ☎ 267–150 36 (Reuter-West) und 267–433 44 (Mitte). Im Internet: www.bewag.de. Man erreicht dort Infos zu Führungen über die Links »Partner« und »Schule und Jugend«.

VERSCHAUKELT

Flugabenteuer im Simulator der Lufthansa

Ein gedämpfter Hammerschlag. Und jetzt ein Rumpeln, als hätte sich unter den Füßen eine Steinlawine gelöst. Rote Lämpchen flackern.»Pech«, sagt Ralf Lindner, der Pilot,»jetzt ist uns beim Start das Bugfahrwerk weggebrochen.«

Mit 220 Knoten stürmt der Airbus in den Himmel über Frankfurt a. M. Die Klimaanlage im Cockpit rauscht. Tief unter uns das Gewusel der Scheinwerfer am Frankfurter Kreuz. In der Ferne die City, das Dach des Messeturms schimmert wie ein Diamant, doch plötzlich Finsternis, leiser Donner.»Wir durchqueren gerade eine Gewitterwolke«, erklärt der Mann am Steuerhorn, dann spricht er mit dem Tower und sagt:»Die Feuerwehr legt wegen unserer Havarie einen Schaumteppich aus.« Platzrunde, Notlandung. Lichterschnüre blitzen. Wir sinken auf sie zu. Kein Wort mehr. Das Heckrad setzt auf. Umkehrschub. Ralf Lindner hält die Nase des fliegenden Riesen so lange wie möglich über der Piste. Er hungert ihn aus. Schlittern, Knirschen. Der Airbus steht.

Abenteuer in einem Kasten, vielleicht so groß wie ein Wohnzimmer: 12 Tonnen schwer, zahnpastaweiß und aufgebockt auf dünnen, stählernen Beinen aus Stahl, die sich zusammenziehen und plötzlich verlängern und in allen Richtungen beweglich sind, als müßten sie den Flugsimulator jeden Augenblick vor dem Absturz bewahren. Der könnte das Landefahrzeug Außerirdischer sein oder eine Mondfähre, rotiert um alle drei Raumachsen, schiebt sich an ihnen entlang und schaukelt dabei wie ein Schiff durch die hohe See.

Adresse: Schützenstraße 10, Nordrand Flughafen Schönefeld. Rechts Plattenbauten, links ein Supermarkt, dann ein schlichtes Gebäude mit der Aufschrift: Luft-hansa-Simulatorzentrum. Crews der Kranichlinic und Piloten aus Osteuropa üben hier seit 1991 in fünf Simulatoren für Kurz-, Mittel- und Langstreckenflugzeuge. Ein Training in der teuersten Illusionsmaschine der Welt. Stückpreis etwa 30 Millionen Mark. Sie arbeitet so vollkommen, daß die Flugzeugführer ihr Handwerk am Boden erlernen können. »Fliegen übt man heute im Simulator«, erklären die Lufthansa-Experten, »das ist umweltfreundlich, unfallfrei und die Flugstunde ist billiger.«

Alle Wetter und Tageszeiten, mehr als achtzig verschiedene Flugplätze und viele Notfälle sind programmiert. Ein Knopfdruck − schon wechselt die Szenerie. Geräusch, Bewegung und das computergeschaffene Bild einer künstlichen Welt vor dem Cockpit-Fenster passen minutiös zueinander. Startet der Jet, kippt der Kasten nach hinten, beginnt die Landung, kippt er vor. Aber das merkt kein Mensch im Inneren, denn hier wird die Schräglage nur als Druck ins Polster empfunden oder als Vollbremsung, weil dem Auge ein Bezugspunkt zur Außenwelt fehlt. So wird das Gleichgewichtsorgan überlistet. »Würden wir ein Loch durch die Simulatorwand bohren«, sagt ein Techniker, »könnten wir Sie nicht mehr verschaukeln.«

Neonlicht. Korridore. Wer sich im Allerheiligsten dieses Gebäudes befindet, hat zwei Hallen zur Auswahl. In beiden stehen Simulatoren. Dicke Kabelbündel verschwinden im Inneren. Eine Wendeltreppe endet an einer schmalen Brücke. Wir überqueren sie und gehen wie Passagiere an Bord. Ralf Lindner, Technischer Leiter des Zentrums, drückt eine Taste, die Brücke klappt weg. Wir treten ins Cockpit. Sitze positionieren. Lindners Finger huschen über Tasten. Check up. Hilfsturbine, Zündung, Bordcomputer. Der Sessel vibriert.

Unser Airbus parkt diesmal vor Gate 28 in London-Heathrow. Zum Greifen nah die Fluggastbrücken, der Tankwagen, Sterneflimmern, Gewitterleuchten. Gewiß, der Cheftechniker bemüht sich redlich, alles exakt zu erklären, aber man wird das Gefühl nicht los, hier ist ein Magier am Werk. Ohnehin hat Lindner nur wenig Zeit.

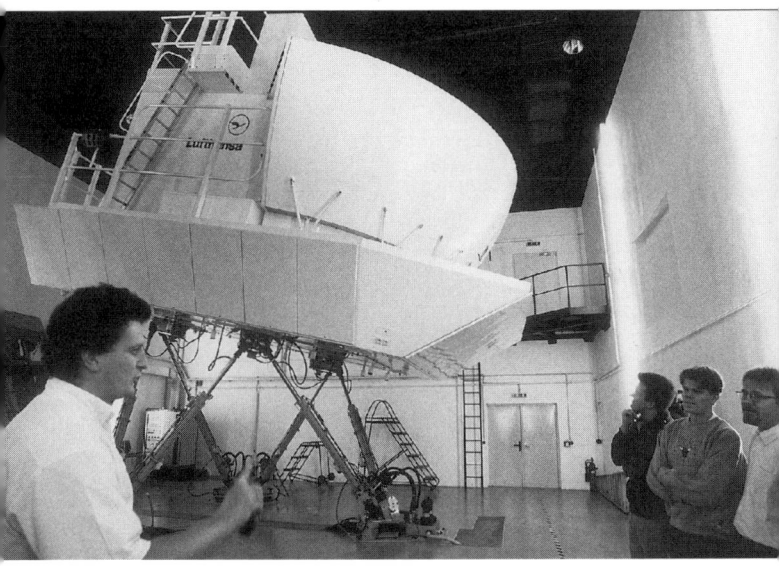

Zwölf Tonnen auf dünnen Beinen. Der Simulator im Landeanflug

Schon rollen wir den Taxiway entlang und drehen eine Platzrunde über London. Kaum gelandet, knipst Lindner einen Schalter, und wie von Geisterhand gehoben, schweben wir im Bruchteil einer Sekunde wieder im Anflug über die Stadt. Mittagsstunde. Sonnenschein. »So«, sagt der Pilot, »jetzt nehmen Sie mal das Steuerhorn.«

Wir sinken auf dem Leitstrahl. Instrumenten-Kontrolle. Das Symbol des Flugzeugs darf sich nur innerhalb fixierter Linien bewegen. Sichtkontrolle. Steil weist die Nase auf eine Reihenhaussiedlung. »Terrain«, schnarrt eine Computerstimme. Warnung vor Bodenberührung. Ziehen, ziehen ... das war zu stark, jetzt pumpt die Maschine. »Sie bewegen hier 120 Tonnen, die nehmen Ihnen so etwas übel«, sagt Lindner und weist darauf hin, daß ein Tritt aufs Seitenruder ungünstig ist. Kurven fliegt der Pilot eines derart großen Vogels mit dem Querruder. Sonst würden seine Passagiere im Heck hin- und hergeschleudert.

Der Airbus setzt wie ein Springball auf. T-Shirt verschwitzt. Von außen betrachtet scheint der Kasten in einem solchen Fall vornüberzukippen. »Auweia«, sagen

Ziehen, ziehen.
Besucher-Crew
im Cockpit des
Airbus

dann die Techniker, »das war 'ne knüppelharte Landung.« Trainer Lindner brummelt nur: »Sie müssen sich
besser konzentrieren.« Dann dreht er sich erneut zum
winzigen Schalter um und vollbringt ein kleines Wunder:
Unter uns liegt Berlin-Tegel. Kurt-Schumacher-Platz,
Autobahn. Jetzt sanft am Steuerhorn drehen, doch
schon ist der Airliner weit aus der Kurve geflogen. Wo ist
die Piste? Drücken, Schräglage. Der Airbus schlingert.
Unsanft setzen wir auf. »Ihre Passagiere«, sagt der Flug-
lehrer, »sitzen jetzt da hinten mit finsteren Gesichtern.«

Einmal als Pilot einen Riesenvogel fliegen – diesen Traum
kann man sich im Simulatorzentrum der Lufthansa erfüllen.
Das Abenteuer ist jedoch teuer. Wer eine Stunde am Steuerhorn sitzen will, muß 435 Euro bezahlen. Für diesen Preis
dürfen allerdings drei Personen ins Cockpit steigen, sie können sich die Kosten also teilen. Ein Instruktor steht ihnen in
jedem Falle zur Seite. Erfahrungsgemäß werden solche Simu-
latorflüge gerne an flugbegeisterte Freunde oder Bekannte
verschenkt, deshalb gibt es auch Geburtstags-Gutscheine.
Man sollte den Spaß allerdings nicht zu kurzfristig planen:
Drei bis vier Wochen Wartezeit sind die Regel. Kontakt:
Schützenstraße 10, 12526 Berlin, ☎ 88 75 57 74
(Frau Protsch).

SO ENTSTEHT DER TAGESSPIEGEL

Ein Blick in Redaktion und Druckerei

Eben stand sie noch still wie ein gewaltiges Ausstellungsstück auf einer Messe für Druckerzeugnisse. Doch plötzlich eine blecherne Stimme:»Achtung, der Andruck beginnt!« Die Maschine surrt, sie brummt, Walzen rotieren – hoch und breit wie ein vierstöckiges Mietshaus wird die Offset-Maschinerie jetzt an allen Ecken und Enden lebendig. Papierbahnen flitzen, verschlungen sind die Wege des Tagesspiegels auf seiner Laufbahn zur fertigen Zeitung. Blick auf die Uhr: 18.40 Uhr. Die ersten 25.000 Exemplare für den Straßenverkauf und die Fernausgabe werden heute vor einer Schar Besucher gedruckt. Sie färben noch ein wenig die Hand und riechen nach Druckerschwärze. Wer sie aufschlägt, kann heute schon lesen, was morgen in der Zeitung steht.

Diesmal sind die Tagesspiegel-Gäste die allerersten Leser in der Stadt. Geheimer Ort Zeitungshaus. Ein Rundgang durch die Redaktion und Druckerei an der Potsdamer Straße 87. Und ein Erlebnis, das nur wenige Tageszeitungen Deutschlands unter einem Dach bieten können. Denn fast alle anderen Blätter werden an getrennten Orten geschrieben und gedruckt.

Berlin-Redaktion, zweiter Stock. Die Gruppe drängelt aus dem Aufzug, da saust ein Mann durch die Schwingtüre nebenan. Kurzer Gruß, große Eile, Sinnbild hastigen Zeitungsmachens. Das ist der »CvD«, der Chef vom Dienst, Verbindungsmann zwischen Redaktion und Technik. Drohen Verspätungen, muß er beide drängeln, damit 170.000 Exemplare des Tagesspiegels rechtzeitig fertig werden: für Straßenverkäufer und Kioske, für 99.000 Abonnenten sowie als Luftfracht in alle Himmelsrichtungen Deutschlands und der Welt.

Die Leser in Berlin sind aber mit Abstand die wichtigsten Käufer und Abonnenten. Nirgendwo anders in Deutschland gibt es so viele Lokalblätter, ist die Konkurrenz so hart. Qualität und Schnelligkeit entscheiden, und folglich ist der Arbeitsalltag enger geworden: Gegen 18 Uhr müssen die rund 150 Redakteure des Tagesspiegels die Erstauflage für den nächsten Tag beendet haben. Danach können sie aktuelle Berichte ständig »nachschieben« – bis kurz vor Mitternacht. Welche Meldung »rausfliegt« und welche neu »eingespielt« wird, entscheidet der Spätredakteur.

Die Besucher drängeln sich um zwei Redakteure an Bildschirmen – und erleben ein Zeitungs-Puzzle. Auf ihren Monitoren bauen die Journalisten mehrere Berlin-Seiten zusammen. Sie nutzen dazu per Mausklick und Tastendruck das Layout-Programm. Fotoformate, Artikel mit verschiedenen Überschriften, Rasterzeilen – alles, was am nächsten Tag auf den Seiten zu sehen ist, wird als Objekt auf den Bildschirm gezogen, variiert und nach einer bestimmten gestalterischen Idee zusammengefügt. Informationen sollen optisch ansprechend verpackt sein, damit es auch Spaß macht, sich durch den Tagesspiegel zu blättern. Ein gutes Menü schmeckt schließlich umso besser, je liebevoller man es präsentiert. Konzentriert positionieren die Redakteure deshalb Fotos und Berichte auf Zeile und Millimeter. Elektronischer Ganzseitenumbruch heißt das im Fachjargon. Man baut eine virtuelle Seite auf, allerdings noch ohne Inhalte. Aber nun weiß der Computer, wie das Lokalblatt aussehen soll, und hält die Schreiber zur Disziplin an, wenn sie die Seiten füllen. Wie lang ist der Bericht über die höheren BVG-Preise? Der Autor holt sich die Seite auf den Bildschirm, sieht 99 Zeilen – und tippt direkt in den vorgegebenen Artikel.

Was ihre Leser am kommenden Tag im Lokalteil finden werden, legt die Redaktion ab 10 Uhr 30 in der Frühkonferenz vorläufig fest. Anschließend beginnt das Zeitungsmachen: Recherchen, Interviews, Fotografieren, Pressekonferenzen – schreiben.

Doch kein Tag ist wie der andere. Druck auf die Agen-

Nah dran –
Zeitungskunde
zwischen riesi-
gen Papier-
rollen

turtaste. Die Deutsche Presseagentur (dpa) schickt am
späten Nachmittag neueste Nachrichten aus Berlin auf
den Bildschirm. Ein Feuer in Pankow. Es wird sofort als
Meldung eingeplant. Auch der Bericht über Alkoholun-
fälle auf den Straßen nimmt im Laufe des Tages eine un-
geahnte Wendung: Die Zahlen sind schlimmer als an-
genommen. Also wird der Artikel jetzt vorne im Lokalteil
prominent plaziert.

So bekommt die Zeitung von morgen laufend ein
neues Gesicht, bis sie zur Belichtung freigegeben wird.
Ein erster Seitenabzug liegt auf dem Redaktionstisch.
Ein kritischer Blick, noch zwei Korrekturen. Schnell ab-
zeichnen – der Weg ist frei zur Druckplattenherstellung.
150.000 Einzeldrucke, also eine komplette Sonntags-
ausgabe, hält eine solche photobeschichtete Alumini-
umplatte aus.

Techniker bereiten nun den Andruck vor. 19.10 Uhr.
Die Maschine rotiert, gespeist aus riesigen Papierrollen
mit hohem Altpapieranteil. Eineinhalb Tonnen ist jede
schwer und ausgerollt etwa zweimal so lang wie die

Avus. 5000 Zeitungen mit 48 Seiten werden mit einer Rolle gedruckt. Kein Wunder, daß die Papiertürme, die aus Skandinavien und Deutschland jeden Tag antransportiert werden, in der Lagerhalle bis unters Dach reichen.

35.000 Zeitungen spuckt die Offset-Maschine pro Stunde aus, wenn das Papier auf Hochtouren mit 33,6 km/h durch die Walzen saust. Letzte Station: das Falzwerk. Lange Messer schlitzen bedruckte Papierbahnen auf, wenden und falten sie zu fertigen Tagesspiegel-Exemplaren. Festgeklemmt an langen Bändern schweben sie in die Versandhalle. Ein Himmel voller Zeitungen. Unterdessen fahren Lieferwagen an die Rampe. Noch 15 Minuten, dann eilen die Straßenverkäufer zu Restaurants und Kneipen. Zwei Filme haben manche Besucher gefüllt. Ein Tagesspiegel-Album. Und zum Abschied sagen sie: »Unsere Zeitung sehen wir jetzt mit anderen Augen.«

Auf Anfrage lädt der Tagesspiegel seine Leser und andere Interessenten zu Gruppenführungen durch die Redaktion und Druckerei ein. Anfang 2004 gibt das Zeitungshaus allerdings seine Druckmaschinen auf und läßt den Tagesspiegel am Stadtrand von einem beauftragten Unternehmen drucken. Danach sind noch Führungen durch die Redaktion möglich. Anmeldungen und Infos unter ☎ 260 09–521.

ALLE WETTER!

Wie Meteorologen in die Zukunft schauen

Vor zwei Stunden dachte Werner Wehry noch: »Die Potsdamer haben Glück.« Kein Schirm, keine Pfütze. An Wehrys Fenster in Berlin trommelte unterdessen der Regen. Die brandenburgische Landeshauptstadt aber war blau, und das bedeutet: nur ein paar Tropfen. Doch plötzlich hat sie sich lila gefärbt und vor einigen Minuten tiefrot. Nun weiß der Meteorologe: »Auch in Potsdam eimert es.« Das zeigt ihm ein Blick aufs Wetterradar. Rund um Berlin, bis in 230 Kilometer Entfernung, sieht Wehry alle Regenfelder. Bei Schmuddelwetter, ein buntes Mosaik. Denn sein Rechner färbt sie unterschiedlich ein – je nachdem, wieviel Wasser vom Himmel kommt.

Professor Werner Wehry arbeitet im 1886 erbauten Steglitzer Wasserturm an der Schmidt-Ott-Straße 13. Viele Jahre stand das Gebäude leer, dann wurde es ausgebaut, und vor nunmehr 20 Jahren zog ein Teil des Meteorologischen Instituts der Freien Universität Berlin (FU) dort ein. Vorher hatten die Wetterkundler ihren Sitz in einer alten Villa unter ihrem damaligen Radarturm an der Podbielskiallee in Dahlem, und sie waren auch schon dort stark beschäftigt. Denn 40 Jahre lang, seit Beginn der fünfziger Jahre, haben sie den Berlinern ihr Wetter vorhergesagt. Das war einmalig in Deutschland. In allen anderen Bundesländern erledigte dies der Deutsche Wetterdienst (DWD). Doch in West-Berlin durfte er nach alliiertem Recht als Bundesbehörde nicht tätig sein. Deshalb blickte das FU-Institut bis zur Wende in die Berliner Wetterzukunft. Nach dem Mauerfall verlor es diese Aufgabe. Seither kommt die Meteorologie auch in Berlin vom Deutschen Wetterdienst oder von den privaten Wetterdiensten Meteomedia und MC Wetter – je nachdem, auf welchen Service die Zeitungen, Radio- und TV-Stationen abonniert sind oder welchen Aus kunftsdienst man im Telefonnetz anwählt.

Die Meteorologen im Turm widmen sich verstärkt der Wissenschaft, denn am Fuße ihrer ungewöhnlichen Forschungsstätte stehen FU-Häuser, in denen sie junge Kollegen ausbilden. Hier wird Berlins Stadtklima untersucht und die langfristige klimatische Entwicklung analysiert, werden die Stratosphäre und das Ozonloch erforscht und Satellitendaten empfangen und ausgewertet. Doch ihr Arbeitsgebiet ist ja eine praktische Wissenschaft. Also behalten sie auch die Launen des Wetters weiter im Auge, zumindest für ihre »Berliner Wetterkarte«, ein seit Jahrzehnten täglich veröffentlichtes Infoblatt für rund 1000 meteorologisch interessierte Abonnenten.

Dennoch haben die Wetterkundler manchmal das Gefühl, sie blickten in eine magische Glaskugel. Jeden Tag sagen sie aufs neue die Zukunft am Himmel voraus. Und jeden Morgen stehen sie hoffnungsvoll am Fenster: recht behalten? Oder hat sie das Wetter mal wieder aufs Kreuz gelegt? Dann schimpfen die Berliner, und das ist schlecht fürs Renommee. Gewiß, sie haben eine Menge Hilfsmittel, aber Regenwolken können tückisch sein, und irgendwann müssen sie sich festlegen am späten Nachmittag, damit ihr Bericht aktuell ist. Jeder Meteorologe, so heißt es in der Zunft, muß deshalb auch eine Spielernatur sein.

Zu Werner Wehry schwebt man im Aufzug. Wasserturm, oberste Etage. Weite Sicht über die Stadt. Am Horizont quellen Gewitterwolken. Doch hier oben informiert nicht nur der bloße Augenschein über die Wetterlage. Das Radarbild vom Deutschen Wetterdienst zeigt Regenechos über Mecklenburg, Tröpfeln in Ruppin, eine Wetterwand zieht von Westen auf Berlin zu. Das alles symbolisieren die farbigen Felder im Schirm. Doch wer weiß? Vielleicht teilt sich die Regenfront am Wannsee und zieht rechts und links an der Stadt vorbei. Auf dunkle Wolken wirkt sich die warme Luft über dem Häusermeer unberechenbar aus. Wehry sitzt jetzt zwischen Bild-

Wetterprophet.
Werner Wehry
an seinem
Arbeitsplatz
im Turm

schirmen unter der Leiste mit den vielen Wetterkarten und ist rundherum informiert:

Die Satellitenkarte ähnelt den Radarechos. Wind? Temperaturen? Luftfeuchtigkeit? Ein Schirm zeigt ihm die Daten aller Meßstationen. Aber die exakte Prognose für eine kleine Stadtregion fällt selbst erfahrenen Meteorologen schwer. Erwartet wird sie gleichwohl von aktuellen Telefondiensten. Und auch die Wasserbetriebe und im Winter die Stadtreinigung wollen erfahren, ob sie in den nächsten Stunden mit starkem Regen oder Schnee rechnen müssen. In Berlin liefern MC Wetter und der Deutsche Wetterdienst solche Schnelldienste.

Stellen sie den Wetterbericht für die nächsten Tage zusammen, so schauen die Meteorologen erst mal nach London und Offenbach am Main. In London arbeitet der Britische Wetterdienst, in seiner Nähe, im Städtchen Reading, sitzt das »Europäische Zentrum für Mittelfristige Vorhersagen«. Und in Offenbach der Deutsche Wetterdienst. Alle drei haben weltweit vernetzte Rechenzentren. Deren Prognosen kommen auf den Meteorologentisch und werden verglichen. Und jetzt beginnt ein neues Dilemma, denn manchmal unterscheiden sie sich stark. Offenbach sagt am Donnerstag für Berlin Regen voraus, Reading leichte Bewölkung mit Sonnenschein. Nun beginnt die Suche nach Übereinstimmungen, nach Mittelwerten, eigene Daten und Erfahrungen werden hinzugenommen, Wahrscheinlichkeiten berechnet, dann wägt man in Berlin alles ab und wagt die Vorhersage.

War sie falsch, trotz aller Mühen, so hat der Irrtum vielleicht weit draußen im Atlantik seine Ursache. Denn es gibt immer weniger Meßschiffe und Wetterstationen rund um den Erdball. »Die Meßtechnik wird raffinierter, aber das Meßnetz dünner«, sagt Professor Werner Wehry. Alleine auf dem Gebiet der ehemaligen UdSSR wurden die Stationen seit ihrem Zusammenbruch halbiert. Meteorologen betrachten das mit Sorge. Aber die Meteorologie wird vermutlich immer ein wenig geheimnisvoll bleiben. Auch in Berlin entwischt den Experten manche Wolke, und keiner kann sagen, wo das »dicke Ding« schließlich runterkommt.

Das Institut für Meteorologie veranstaltet Führungen für Gruppen bis zu 20 Personen. Kontakt: Carl-Heinrich-Becker-Weg 6, 12165 Berlin, ☎ 83 85–38 27. Seine Mitarbeiter vertreten die Deutsche Meteorologische Gesellschaft in Berlin und geben wetterkundliche Veröffentlichungen heraus, die auch für Laien gut verständlich und ansprechend gestaltet sind. Jedes Jahr erscheint zudem ein Meteorologischer Bildkalender. Eine Übersicht ist im Institut erhältlich. Im Internet: www.met.fu-berlin.de.

ES SCHÄUMT UND BRODELT

In Hohenschönhausen wird Bier gebraut

Gewiß, schon Albrecht Wenzel Eusebius von Wallenstein schätzte das Berliner Bier. Als der berühmte Feldherr in die Mark Brandenburg einmarschierte, gab er in der Stadt für seine Soldaten 2000 Taler aus: Eine Menge Fässer »zur Proviantierung« nach Cottbus bekam er dafür. Hopfen und Malz, Hefe und Wasser, das waren schon damals die Ingredienzen, mit denen die Zunft der Brauer ihre herbe Erfrischung einrührte. Auch heute schäumt ihr Produkt für durstige Heerscharen, aber sie sitzen im Sommer in Berliner Biergärten an langen Tischen, so friedlich wie die Frankfurter beim Apfelwein. Biertrinken hat Tradition in Berlin. In dieser Hinsicht wird die Hauptstadt in einem Zug mit München genannt. Und auch der Duft ist in gewissen Vierteln gleich, als ginge ein Berg Hefeteig in ihrer Mitte auf. Zum Beispiel in Hohenschönhausen, Indira-Gandhi-Straße, am historischen Ort. Denn hier wird für die Berliner schon seit über 100 Jahren Pils, Export und Weißbier gebraut.

Ein erster Blick durch die Pforte: alte Fabrikgebäude, weinrot geklinkert, früher Mälzerei, später Verwaltung. Bilder aus dem Geschichtsbuch des Brauereigewerbes. Dies ist der Stammsitz der Berliner Pilsner Brauerei, aber die Wende hat hier vieles verändert. Hinter den denkmalgeschützten Mauern wurden Büros eingerichtet. Die Schultheiss-Brauerei nahm die Pilsner-Kollegen in ihren Firmenverbund auf und verlagerte ihren traditionsreichen Brauort an der Methfesselstraße unterm Kreuzberg 1994 nach Hohenschönhausen.

Obergärig, untergärig? Rundgänge bei der Berliner Schultheiss-Brauerei beginnen vor dem Stolz eines jeden Brauers: den Sud- oder Maischepfannen. Wie gewaltige runde Edelstahltrichter sehen sie aus, die irgend jemand mit dem breiten Rand nach unten auf die Fliesen gesetzt hat. Tiefer Blick durch ein Guckloch. Es schäumt, es brodelt in diesem ersten Geheimnis der Bierherstellung. »Das ist so eine Art Aromafabrik«, erklärt die Führerin. Hier kochen die Brauer den Hopfen zusammen mit Bierwürze, die sie aus Wasser und Gerstenmalz gewonnen haben. Dabei gibt der Hopfen seine Geschmacksstoffe ab. Doch jetzt fehlen noch Alkohol und Kohlensäure. Das besorgen die Hefezellen. Sie vergären die fertige Würzmischung unter dickem Schaum.

Nächste Station: Die Batterie der Jungbiertürme. Mehr als 30 runde Tanks, jeder 20 Meter hoch. Darin lagert nun das frische Bier und muß noch eine ganze Weile reifen, ständig kontrolliert bis zur »geschmacklichen Vollendung«. Deshalb sind zwischen den Türmen Fachleute rund um die Uhr unterwegs. Geben sie den Hahn zum Reinigen und Abfüllen frei, sprudeln in der Stunde rund 50.000 Liter noch trübes Bier in die Filtermaschine. Aber zuvor darf jeder Besucher einen Schluck mit allen Trübstoffen kosten.

Letzte Station: Fässer und Flaschen auf endlosen Bändern. Hier werden sie gespült, gefüllt, verkorkt, etikettiert. Für den Durst in Sommergärten und für ein Berliner Kneipenlied aus den zwanziger Jahren: »Weil ich sie voll Huld weiß, führ' ich sie zu Schultheiss.«

Rund zweistündige Brauereiführungen werden für Gruppen ab 20 Personen angeboten. Sie kosten pro Person 3 Euro. Gegen Aufpreis lassen sie sich gut mit einem zünftigen Imbiss in der Schankstube der Brauerei verbinden. Ihre Anfrage nimmt die Abteilung Marketing, Indira-Gandhi-Straße 66–69, ☎ 96 09–575, entgegen. Im Internet: www.schultheiss.de.

GELDKISTEN WIE BEI ONKEL DAGOBERT

Die Münze prägt den Euro

Die Maschine speit Eurocents aus. Gestochen scharf sind die Europasterne ins Metall geprägt. Ein Berg aus Münzen häuft sich unter der Luke, als schiebe sie die Hand eines großzügigen Spenders nach draußen. Aber dies hier ist keine Gewinnausgabestelle, sondern eine Presse in einem Betrieb, der Hartgeld produziert und den Euro prägt. Mitten in Berlin am Molkenmarkt 1–3. Sein Name: Staatliche Münze.

Rund zwanzig Prozent aller neuen Pfennige und Markstücke wurden seit der Wende in Mitte hergestellt, und das ist beim Euro ähnlich. Seine deutsche Variante entsteht gleichfalls in großen Mengen in Berlin. Anderthalb bis zwei Millionen Rohlinge kommen hier bei Hochkonjunktur täglich unter die Presse. 600 Münzen prägt eine Maschine in der Minute, gut 170.000 Euro spuckt sie aus, bis eine Kiste mit Zwei-Euro-Stücken randvoll ist.

Doch die Münze stellt auch »prägefrische« Schätze für Sammler her: Gedenkmünzen in Spiegelglanz oder eingeschweißte Münzsätze mit verschiedenen Motiven und Werten. Außerdem Hartgeld für ausländische Auftraggeber. Das alles beschäftigt rund achtzig Mitarbeiter. Sie verdienen Geld mit dem Geldmachen. Und was in Cent und Euro aus Berlin kommt, läßt sich sofort am »A« erkennen. »D« steht für die Münze in München, »F« für Stuttgart, »G« für Karlsruhe und »J« für Hamburg.

Auf jedem Geldstück sind diese Buchstaben an einer anderen Stelle versteckt – unter der rechten Adlerkralle, unter der Jahreszahl am Brandenburger Tor und links am Stengel des Eichenblattes. Man muß nur genau hinschauen wie die Präger. Immer wieder greifen sie eine Münze heraus und kontrollieren ihre Qualität mit der

Lupe. Ist das Profil zerfranst, wechseln sie den Präge-
stempel aus. Denn jede Münze soll rund 25 Jahre durch
Portemonnaies wandern, bis sie eingeschmolzen wird.

Aber zuerst kommt sie in die Verpackungshalle. Klick,
klick, klick. Zwei-Euro-Stücke rollen akkurat nebenein-
ander und werden in Papier gehüllt. Alles maschinell.
Eurocents rasseln nebenan in Beutel, Lichtschranken
und Computerwaagen geben acht, daß keine Münze da-
vonrollt und am Ende die Zahlen nicht stimmen. Wer so
wertvolle Dinge herstellt, zählt von Anfang an den kleinsten Geldrohling. Es soll auch kein Mitarbeiter in Ver-
dacht geraten, er habe sich aus den großen Containern
bedient. Gerät man denn in Versuchung, wenn eine solche Menge Geld gut erreichbar klimpert? »Am Anfang
vielleicht«, sagt eine Prägerin, »aber inzwischen ist das
hier alles Routine.«

Seit 1945 wird am Molkenmarkt Geld hergestellt.
Doch das Handwerk hat in Berlin an wechselnden Stand-
orten seit Jahrhunderten Tradition. Im Mittelalter waren
die Münzmeister »am Beizen und Scheuern«, griffen in
Tonnen mit feinem Sand und Wasser, um jeden »Schröt-
ling«, aus dem ein Geldstück werden sollte, blank zu bekommen. Regierungen wechselten, ihre Zahlungsmittel
wurden wertlos. Einige hatten auch plötzlich nur mehr
Erinnerungswert, zuletzt nach der Wende: Da verschwand das DDR-Aluminiumgeld. Seit 1949 wurde es
am Molkenmarkt geprägt.

Heute spucken die Maschinen ein Münzsortiment mit
Anteilen von Kupfer, Messing, Eisen, Nickel, Silber, Zink
und verschiedenen Legierungen aus und füllen damit
große Geldkisten. Und manchmal spielt ein Besucher
dann Onkel Dagobert – er darf mit vollen Händen hin-
eingreifen.

Legt mächtig
los. Berlins
größtes
Dampfschiff,
der Schlepper
»Andreas«

Gruppen bis zu 20 Personen werden nach Absprache durch
die Staatliche Münze geführt. Einzelne Interessenten können
sich auf eine Liste setzen lassen. Adresse: Molkenmarkt 1–3,
10279 Berlin, ☎ 231 40–5. Aus Gründen von Sicherheit und
Kapazität können jedoch nicht alle Wünsche erfüllt werden.

VOLLDAMPF
AUF DER SPREE

Ein Besuch im Historischen Hafen

Beinahe wäre er zum Schrott gekommen. Das war im Jahre 1970. Aber damals brauchten die Elektro-Apparate-Werke am Rummelsburger See in Ost-Berlin gerade eine neue Heizanlage und kamen zu dem Schluß, ein altes, überflüssiges Dampfschiff könne gleiche Dienste tun. Deshalb lag der Schlepper »Andreas« zwei Jahrzehnte als Heizkahn am Kai des volkseigenen Betriebs und überlebte bis zur Wende. Dann kaufte ihn die »Berlin-Brandenburgische Schiffahrtsgesellschaft« und verschaffte ihm einen Platz in ihrem Historischen Hafen. Nun ist der eiserne Riese also an der Fischerinsel in Mitte vertäut: Einst, in den fünfziger Jahren, der größte Schraubenschleppdampfer auf märkischen Gewässern. Heute das stattlichste Dampfschiff Berlins.

Ein zischendes und tutendes Museum auf der Spree, dessen Fahrgäste tief in die Geheimnisse des Schiffsbauches hinabsteigen dürfen. Heizer Michael Miekehs im schwarzen Overall wirft noch zwei Schippen Briketts ins Feuer, ein Bild, wie man es aus Lokomotiven kennt. Maschinist Erhard Bergschmidt hält ein Blechkännchen in der Hand. Schmiere für die Kolben. Da schrillt gleich viermal eine Bimmel. »Volle Fahrt voraus!« Hebel nach links, Bergschmidts Kraftpaket aus Zylindern und Gestänge legt mächtig los. Ein Geruch wie früher in Prenzlauer Berg, als noch alle mit Öfen heizten. Öl perlt auf Stahl, Kolben klackern im grauen Dunst.

Bis er derart in Schwung kommt, braucht Andreas eine Menge Zuwendung: Schon drei Tage vor dem Start wird sein erkalteter Kessel behutsam angeheizt, damit sich der genietete Stahl nicht zu schnell ausdehnt und Schaden nimmt. Das geschieht nicht allzuoft – nur an

Öl fürs
Kraftpaket.
Maschinist
Erhard Berg-
schmidt in
Aktion

den Tagen der Offenen Tür im Historischen Hafen, bei
Festlichkeiten oder für Charterfahrten. Dann wirft eine
erfahrene Besatzung der Schiffahrtsgesellschaft die
Leinen los, und ihre Gäste können den schwimmenden
Methusalem, der in den Nachkriegsjahren vom Stapel
lief, zwischen Steuerrad und Überdruckventil erkunden
oder einen Blick in die Wohnung für die Kapitänsfamilie
werfen.

Andreas wird hinausbugsiert, rauscht an der Museumsinsel vorbei, schiebt sich leiser als viele Diesel-
schiffe durch den Fluß. Kein Rütteln und Puckern, nur im
Mittelschiff schlägt die Maschine ihren gemächlichen
Takt. Stampfen unter den Füßen, Sonne im Gesicht.

Es geht die Stadtspree entlang mit ihren vielen nied-
rigen Brücken. Vor jeder wird der fünf Meter lange
Schornstein mit Hauruck umgelegt. Mehr als ein Buch
paßt an einigen Stellen nicht zwischen Schiff und Sand-
steinbögen, zumal Andreas recht stattlich ist: sechsunddreißig Meter lang, sieben Meter breit, 20.000 Liter
Wasser im Zweiflammrohrkessel, eine Dreizylinder-
Expansionsdampfmaschine mit langsamtourigem Lauf,
weshalb die Schiffsschraube einen beachtlichen Durch-
messer von 1,70 Meter hat.

Wenn die Experten an Bord seine Qualitäten schildern, kommen sie in Fahrt. Zum Beispiel Maschinist Bergschmidt (52), der am Treptower Hafen und in Brandenburg jahrzehntelang im Bauch von Dampfschiffen Dienst schob. Oder Wolfgang Blaurock (78), früher Schichtleiter im Kraftwerk Reuter, Spezialist für Dampftechnik. »Schon als Kind«, erzählt er, »rannte ich hinter jedem Schornstein her.« Und natürlich Schiffsführer Horst Röper (70), zeit seines Lebens auf Frachtschiffen zu Hause, geboren auf dem Schleppkahn »Marie«, den er bis heute besitzt und im Historischen Hafen vor Anker gelegt hat. Andreas fordert ihn geradezu heraus, hier gibt es keine Lenkkraftverstärkung. Kraftvoll muß Röper ins Speichenrad greifen, damit sein Dampfer auf Kurs bleibt.

Im Jahre 1990 haben sie sich mit anderen Liebhabern historischer Binnenkähne zusammengetan und die Schiffahrtsgesellschaft e.V. gegründet. Seither sammeln, restaurieren, präsentieren und verchartern sie am Märkischen Ufer schwimmende Museumsstücke wie andere Leute Automobile. Eine ganze Flotte alter Barkassen, Fähren, Schlepper, Frachter, Ausflugsschiffe und Lastensegler ist zusammengekommen – die meisten fahrbereit.

Mehr als hundert Jahre märkische Schiffahrtsgeschichte sind an der Fischerinsel vertäut. Darunter auch der Heckradschlepper »Friedrich der Große«, ein Geheimtip unter Dampferfreunden, weil er ein besonderes Deckshaus an Bord hat. So heißt sein Schiffsrestaurant. Rund ums Jahr kann man dort hinter Kajütenfenstern oder an der Reling tafeln. Ein Gläschen Wein mit Blick auf Hafen, Mühlendammschleuse und Fernsehturm. Und danach eine Geschichtslektion bei »Renate Angelika«. Ein Lastensegler mit unterhaltsamer Fracht unter den Lukendeckeln: »Berlin ist aus dem Kahn gebaut« heißt seine ständige Ausstellung über die Vergangenheit der märkischen Binnenschiffahrt.

Dazu gehört auch »Renate Angelikas« ständiger Liegeplatz im Historischen Hafen. Dort schwankten zu Anfang dieses Jahrhunderts zahlreiche Schornsteine von dampfgetriebenen Schleppkähnen, und an der Weidendammbrücke hing ein Schild: »Übermäßige Rauchentwicklung verboten«. Daran hält sich auch der Dampfer Andreas mit seinen 305 PS, wenn er über die Stadtspree schippert. In den fünfziger und sechziger Jahren haben sie ihn durch die Elbe, Saale und Oder getrieben und ihn schließlich als Heizkraftwerk in Rummelsburg vor einem schnellen Ende bewahrt.

Zu dieser Zeit wurden rund 250 Dampfer in der DDR verschrottet.

Mit schwimmenden Oldtimern auf Charterfahrt – wer an Bord von »Andreas« oder eines anderen Schiffes aus dem Historischen Hafen auf Spree und Havel unterwegs ist, erfährt auch eine Menge über die technischen Geheimnisse dieser traditionsreichen Kähne. Solche Touren mit der Berlin-Brandenburgischen Schiffahrtsgesellschaft eignen sich gut für originelle Geburtstagsfeste, Hochzeitsfeiern, Betriebsausflüge oder einfach für eine unvergeßliche Fahrt mit Freunden über Berlins Wasserstraßen. »Andreas« hat Platz für etwa 60 Personen, das Fahrgastschiff »Heinrich Zille« von 1898 kann sogar 150 Passagiere an Bord nehmen, doch es gibt auch etliche Barkassen und kleinere Dampfer für Gesellschaften von zehn bis zwanzig Gästen wie die »Gisela«, »Libelle« oder den »Phoenix«. Kontakt: Bamberger Straße 58, 10777 Berlin, ☎ 21 47 32 57 (Fax: 213 80 42).

Im Internet: www.historischer-hafen-berlin.de.

Übrigens: Der Historische Hafen am Märkischen Ufer ist auch selbst einen Ausflug wert. Zwischen den vertäuten Methusalems kann man im Schiffsbauch der »Renate Angelika« die Ausstellung »Zur Geschichte der Binnenschiffe auf Spree und Havel« ansehen; sie ist in der Sommersaison außer montags jeden Werktag von 14 bis 18 Uhr und am Wochenende von 11 bis 18 Uhr geöffnet. Und anschließend lädt die Mannschaft im gastronomisch betriebenen »Deckshaus« des Heckraddampfers »Jeseniky« zur Rast ein: Von Bord dieses Schiffes aus läßt sich der Betrieb an der Mühlendammschleuse wunderbar beobachten (täglich ab 12 Uhr, ☎ 0179/662 43 94).

IM STEINERNEN RIESEN

Auf und ab durchs Flughafengebäude Tempelhof

Hätte man das Haus so hoch übereinandergetürmt, wie es lang ist, die Berliner würden vom Turmbau zu Babel sprechen. 1,3 Kilometer mißt es im Radius, selbst ein Spitzenläufer bräuchte rund drei Minuten vom einen zum anderen Ende des Riesenbaus, der so viele Räume hat wie die Häuser einer Straße. Auch im Keller und in der Höhe gibt es Superlative: Tunnel zum Verirren, Zuschauerterrassen auf dem Dach für rund 80.000 Menschen. Das alles wurde bis 1938 im Mittelpunkt Berlins hochgezogen: eines der größten zusammenhängenden Gebäude der Welt, denn die Bauherren waren von Wahn getrieben. Der Flughafen sollte gigantisch und schöner als jeder andere sein, wünschte ihr Führer Hitler.

Bis heute gehört das mächtige, steinerne Oval am Platz der Luftbrücke zu den weltweit größten Bürogebäuden. Doch es könnte auch ein Museum sein: Kolossal-Kulisse der NS-Zeit, obwohl es seinem Architekten Emil Sagebiel noch gelungen ist, Hitlers klotzige Wünsche in eine ansehnliche Form zu bringen. Zeugnis des Kalten Krieges. Und ein Ort mit Mythos, denn vieles hat hier die Phantasie der Berliner beschäftigt: Das Labyrinth der Tunnel, in denen die Nazis im Krieg Kampfflieger montierten. Die schier endlosen, bis zur Wende hermetisch abgeschirmten Flure, in denen die amerikanischen Beschützer später ihr Eigenleben führten.

Wer dieses Gebäude erkunden will, braucht Kondition. Startpunkt: eine unscheinbare Tür in der Abflughalle. Dahinter ein gewaltig dimensioniertes Treppenhaus aus nacktem Beton. Aufstieg bis zur zweiten Etage, wieder eine Tür, sie führt zu einem Saal, hoch wie ein Kirchenschiff und so lang wie der Eingangsbereich zum Platz

Dachausflug. Hier oben sollten Zehntausende die Luftwaffe bejubeln

der Luftbrücke. Zementstaub, die Decke rußgeschwärzt. Der vergessene Ort liegt exakt über dem heutigen Foyer, denn vor dem Krieg war dies der obere Teil der Eingangshalle des Flughafens. Damals starteten und landeten draußen auf den Bahnen täglich mehr als 170 Flugzeuge mit Zielen in 34 Ländern. In den fünfziger Jahren wurde die Halle einfach in der Höhe halbiert. Man zog eine Zwischendecke ein, um nicht alles sanieren zu müssen.

Wieder Treppen, Gänge, und jetzt das einstige Berlin Air Route Traffic Control Center. Von hier aus überwachten US-Fluglotsen alle drei Luftkorridore, die Berlin mit Hannover, Hamburg und Frankfurt a. M. verbanden. Kabel starren aus den Wänden, ein paar Schrauben am Boden, alles leergeräumt. Dieses Kapitel Geschichte ist geschlossen. Aufgeschlagen wurde es von der anrückenden US-Armee nach dem Krieg, und es begann mit dem Kürzel: TCA, Tempelhof Central Airport. Die Amerikaner machten es sich damals in dem Riesenbau gemütlich, montierten Saunen und Recreation-Areas, organisierten 1948/49 die große Luftbrücke und die kleine zur West-Berliner Enklave Steinstücken. 1951 landeten auf dem Zentralflugplatz auch wieder Zivil-

Rohre und Tunnel im Bauch des Gebäudes

maschinen, aber noch Jahre später lagerten US-Zementsäcke im Rohbau der Abflughalle. Dann kam der Höhenflug. Rund 5,5 Millionen Passagiere bewältigte Tempelhof in seinem Spitzenjahr 1971. Doch vier Jahre später öffnete der Flugplatz Tegel. In Tempelhof hoben bis zur Vereinigung nunmehr Militär- und Ambulanzflugzeuge und einige Zivilmaschinen ab.

Eine Stahltür. Wind fegt in die Gesichter. Ein schmaler Gittersteg. Er führt hinaus auf das schier endlose Dach. Weiter Blick über Start- und Landebahnen. Hier oben sollten Zehntausende auf Tribünen den Vorbeiflug der siegreichen Luftwaffe bejubeln. Dreizehn breite Treppentürme ragen deshalb wie Klippen aus dem Flughafengebäude hervor. 80.000 Menschen hätten auf diesem Wege in 15 Minuten das Dach verlassen können.

Abstieg in die Unterwelt. Die Flure werden schmal und niedrig. »Achtung, Engpaß!« warnt der Führer. Hier kommt man nur in der Hocke vorbei und steht plötzlich vor einem Schild: »Unbefugten ist der Zutritt strengstens untersagt«.

Hinter dieser Gittertür liegt das Wasserwerk. Seit 1938 versorgt es den Flugplatz und hat Kapazitäten für eine Stadt wie Frankfurt/Oder. Auch das Kraftwerk und ein Heizwerk nebenan sind in Betrieb. Aber tief im Bauch des steinernen Riesen gibt es noch mehr Geheimnisse, beispielsweise einen kompletten Eisenbahntunnel. Er beginnt an der Ringbahn im Süden des Flugfeldes, unterquert die Abflughalle und endet am Columbiadamm. Während des Krieges wurden in dieser bombensicheren Röhre Kampfflugzeuge montiert. Keinen Zentimeter hätten die Jäger breiter sein dürfen, erinnern sich Zeitzeugen. Die Amerikaner transportierten über den Gleisanschluß später Kohle und andere Güter.

Aber nun der Bunker. Drei Meter dicke Mauern aus Stahlbeton. Dieser Ort war so geheim, daß er nicht in den Bauplänen stand. In den letzten Kriegstagen lagerte darin hochbrennbares Zelluloid, vermutlich geheime NS-Filmrollen. Als der Kampf verloren schien, versuchte ein SS-Kommando das Flughafengebäude zu sprengen. Doch nur eine Ladung ging hoch, sie riß den Boden der Abfertigungshalle auf. Dann rückten Sowjetsoldaten ein, durchsuchten die Katakomben und jagten die verschlossene Panzertüre des Bunkers in die Luft. Sie entfachten ein Inferno. Tagelang tosten Flammen. Bis heute sind die Mauern schwarz wie ein Kamin.

Rückkehr in die Abflughalle. Menschen drängeln am Gate. Doch wie lange noch? Die Jahre des Flughafens Tempelhof sind durch den beschlossenen Ausbau von Schönefeld gezählt. Ein großer »Park der Luftbrücke«, umrandet von neuen Wohn- und Geschäftshäusern, soll auf dem Flugfeld im Windschatten des denkmalgeschützten Riesen entstehen.

Die Berlin-Brandenburg Flughafen Holding GmbH (BBF) veranstaltet Führungen durchs Flughafengebäude in Tempelhof. Ausflüge in die Hangars und aufs Flugfeld sind aus Sicherheitsgründen allerdings nicht möglich. Eine zweistündige Tour kostet 6 Euro pro Person. Kontakt: Pressestelle am Flugplatz Schönefeld in 12521 Berlin, ☎ 60 91–16 60. Im Internet: www.berlin-airport.de (Links: Services/Besucher).

Christoph Stollowsky
Geheime Orte für Kinder
Abenteuertouren durch Berlin
ISBN 3-87584-646-X
€ 9,90
Aktualisierte Neuauflage

»Geheime Orte«, die erfolgreiche Serie des »Tagesspiegel«, hat
Kindern und Jugendlichen verschlossene Türen ins Verborgene
geöffnet. Fledermausgewölbe und Bunker, Puppenklinik und
Teddy-Manufaktur, ein Indianermagazin, eine Bio-Bäckerei,
ein Comic-Verlag, die Flughafenfeuerwehr oder ein Haus voller
Wunderkisten gehören zu den 28 geheimen Orten, die Christoph
Stollowsky in diesem Buch zur Serie vorstellt. Es gibt auch eine
Tour durchs »Schaurige Berlin« und Abenteuer im Zauberkeller,
außerdem viele Tips, wie sich solche Touren organisieren lassen.
Ein spannender Wegweiser für junge Berliner, aber auch ein
Führer für Eltern, Großeltern und alle, die mit den Jüngeren gerne
auf Entdeckungstour gehen – zum Beispiel als Geburtstags-
überraschung, als Familien-, Kita- oder Klassenausflug.